Gerald Hüther | Maik Hosang | Anselm Grün

Liebe ist die einzige Revolution

Gerald Hüther | Maik Hosang | Anselm Grün

Liebe ist die einzige Revolution

Drei Impulse für Ko-Kreativität und Potenzialentfaltung

HERDER

FREIBURG · BASEL · WIEN

MIX
Papier aus verantwortungsvollen Quellen
FSC® C083411

Neuausgabe 2020

Umschlaggestaltung: Gestaltungssaal, Rosenheim
Umschlagmotiv: © anilakkus / iStock / GettyImages

Satz: Daniel Förster, Belgern
Herstellung: CPI books GmbH, Leck

Printed in Germany

ISBN 978-3-451-60071-5

Inhalt

TEIL 2

MAIK HOSANG

TEIL 3

ANSELM GRÜN

Zum ersten Mal in der Geschichte hängt das physische Überleben der Menschheit von einer radikalen seelischen Veränderung des Menschen ab. … Wenn wir lernen wollen zu lieben, müssen wir genauso vorgehen, wie wenn wir irgendeine andere Kunst, zum Beispiel Musik, Malerei, das Tischlerhandwerk oder die Kunst der Medizin oder die Technik lernen wollten.

Erich Fromm

Einleitung

Die Tontafeln, auf denen das Gilgamesch-Epos in Keilschrift eingebrannt wurde, sind über sechstausend Jahre alt. Niemand weiß, wie viele Jahrhunderte oder Jahrtausende vorher sich unsere Vorfahren diese Liebesgeschichte bereits weitererzählt hatten. Sie handelt von der Verwandlung eines blutrünstigen, gewalttätigen und das Leben der Menschen in der Stadt Uruk bedrohenden Wilden, Enkidu, durch die Liebe einer Frau. Viertausend Jahre später beschreibt eine andere große Menschheitserzählung das, was ein liebender Mensch vermag. Diesmal war es ein Mann, und die Liebe, die in seinem Handeln zum Ausdruck kam, überstieg damals bei Weitem die Vorstellungskraft seiner Zeitgenossen. Deshalb betrachteten sie ihn als Gottes Sohn, der die Liebe als göttliches Prinzip auf Erden verkörperte. Diese von Jesus Christus vorgelebte Nächstenliebe wurde zum zentralen Element einer religiösen Bewegung, die sich als Christentum über den ganzen Globus ausbreitete – lange vor dem Beginn der heute von uns als Globalisierung bezeichneten Entwicklung. Die Rücksichtslosigkeit, mit der dieser Ausbreitungsprozess vorangetrieben wurde, stand allerdings in eklatantem Widerspruch zu dem, was der Heiland dieser Bewegung in seinem Tun zum Ausdruck gebracht hatte, und wofür er ans Kreuz genagelt worden war.

Wie so oft im Verlauf der Menschheitsgeschichte wurde die Diskrepanz zwischen Anspruch und Wirklichkeit auch in diesem Fall nicht durch die Anpassung der Praxis, also durch einen von Liebe getragenen Umgang der Menschen mit sich selbst und mit anderen, überwunden. Erheblich leichter umsetzbar erwies sich die Anpassung des Anspruchs an die gängige Praxis. Bis heute haben die Theoriebildungen und endlosen Debatten darüber, was der Begriff »Liebe« eigentlich bedeutet, nicht aufgehört. Das, was unter »Liebe« zu verstehen sei, wurde endlos analysiert, klassifiziert und auf vielfältige Weise definiert. Das Ergebnis dieser Bemühungen ist in den Bücherregalen unserer Bibliotheken in vielbändigen Enzyklopädien versammelt und inzwischen auch bei Wikipedia nachzulesen. In kaum einer Wissenschaftsdisziplin konnten einzelne Vertreter der Versuchung widerstehen, ihren Beitrag zu diesem Thema Liebe zu verfassen. Von Suchtforschern wird sie als eine Abhängigkeit erzeugende Bewältigungsstrategie beschrieben, von Theologen als universelles göttliches Prinzip. Soziologen betrachten die Liebe als eine besondere Ausprägungsform sozialer Beziehungen, für Hormonforscher ist sie Ausdruck der Ausschüttung bestimmter Hormone, insbesondere des »Liebeshormons« Oxytocin, und aus der Perspektive von Neurobiologen wird die Liebe durch die Aktivierung bestimmter neuronaler Netzwerke hervorgebracht. All diese unterschiedlichen Erkenntnisse oder Betrachtungsweisen wurden und werden über die Medien verbreitet und von einer staunenden Öffentlichkeit rezipiert.

Wer so viele unterschiedliche Vorstellungen von dem, was die Liebe ist, in seinem Kopf hat, kann nicht nur vortrefflich mit allen anderen darüber debattieren, was unter Liebe zu verstehen sei, sondern er braucht sich, so scheint es vielfach, darüber hinaus nicht mehr darum zu kümmern, ob seine eigene Lebensgestaltung, seine Beziehung zu sich selbst, seine innere Einstellung, sein Weltbild und vor allem sein Handeln und seine Art der Beziehungsgestaltung zu anderen Menschen, auch zu anderen Lebewesen, tatsächlich von Liebe getragen sind oder nicht. Das viele Reden und Diskutieren über die Liebe ist so offenbar zu einer attraktiven Bewältigungsstrategie für all jene geworden, die auf irgendeine Weise spüren und zu begründen versuchen, dass sie selbst und die Beziehungen, die sie pflegen, längst aus der Liebe gefallen sind.

Die entscheidende Frage, mit der diesen Versuchen, von der Wirklichkeit der Liebe abzulenken, auf sehr wirksame Weise begegnet werden kann, lautet deshalb nicht, was die Liebe ist. Sondern die Frage lautet: Woran lässt sich erkennen, dass eine Person versucht, den Weg der Liebe zu beschreiten?

Nicht all das, was jemand über die Liebe weiß, ist interessant, sondern auf welche konkrete Weise er sich selbst als

Liebender zeigt, was er also aus einer liebevollen Haltung heraus tut, wie er sich verhält. Darauf kommt es an, und darum geht es in diesem Buch.

Deshalb haben wir auch den etwas verstörenden Titel für dieses Buch gewählt. »Die Liebe ist die einzige (wirkliche) Revolution« ist eine Erkenntnis, die nicht aus unserem christlich-abendländischen Kulturkreis, sondern aus der Weisheitslehre der Veden, des Buddhismus und der indischen Yogis stammt und die von einem der wichtigsten und auch im Westen anerkanntesten Vertreter dieser Lehren, von Krishnamurti, so formuliert worden ist.

Auf den ersten Blick fühlt sich wohl jeder, der nicht mit dieser östlichen Denkweise vertraut ist, angesichts dieser Aussage etwas unwohl. Die Liebe mit den von Menschen gemachten Revolutionen in einen so unmittelbaren Zusammenhang zu stellen, ist in der Tat zunächst irritierend.

Was, so beginnt man sich zu fragen, kann die Liebe denn bewirken, wie müsste sie für jeden Menschen erlebbar werden, damit das, was wir bisher für Revolutionen gehalten haben, sich plötzlich als etwas erweist, was nur als eine Randerscheinung von Entwicklungen zutage tritt, zu denen es nur deshalb kommen kann, weil die eigentliche Revolution, die derartige Randerscheinungen verhindern könnte, noch nicht stattgefunden hat?

Ein Mensch, der sich – so wie er ist und nicht aufgrund seiner Leistungen – geliebt weiß, erlebt sich als bedeutsam. Er muss sich also nicht anstrengen, um von anderen Personen gesehen und wertgeschätzt, um von ihnen geliebt zu werden, er muss also nicht danach streben. Ein solcher Mensch braucht weder Reichtum noch Macht noch Anerkennung oder Einfluss. Er trägt deshalb auch nicht zur Ungleichverteilung von Besitztümern, von Macht- und Einflusssphären und der sich daraus entwickelnden Herrschaftsstrukturen bei. Ein solcher Mensch braucht deshalb auch keine repressiven Herrschaftsstrukturen, um seinen Besitz und seine Machtansprüche zu verteidigen.

Wären alle Menschen so aufgewachsen, dass sie sich bedingungslos geliebt fühlten, gäbe es keine repressiven Herrschaftssysteme. Und ohne diese gäbe es auch keinen Grund für Proteste und Aufstände, also das, was wir als »Revolutionen« kennen. Dann wäre das Zusammenleben der Menschen von der Sorge um das Wohlergehen anderer und von dem Bemühen gekennzeichnet, die anderen bei der Entfaltung ihrer Potenziale, also der in ihnen angelegten Talente und Begabungen, zu unterstützen. Dieser Prozess, der es einer wachsenden Zahl von in unsere Welt Heranwachsenden ermöglichte, sich um ihrer selbst willen als geliebt zu erfahren und sich damit selbst und auch andere Menschen sowie die Natur unseres Planeten lieben zu können, wäre dann tatsächlich die einzige Revolution, derer es bedürfte.

Wenn diese Entfaltung des Potenzials der Liebe in vielen Einzelnen gelänge, bekäme vielleicht sogar der Gedanke einer entsprechenden Veränderung unserer gesamten Wirtschaft, Gesellschaft und Kultur einen realen Sinn. Denn wenn Menschen in verschiedensten Bereichen nicht mehr primär aus Angst und Konkurrenz, sondern im besten Sinne des Wortes ko-kreativ zusammenwirken, wird vieles möglich, wovon bisherige Gesellschaften nur zu träumen wagten.

Wie das gelingen kann, wird ein Einzelner niemals beschreiben können. Dazu bedarf es der Zusammenführung von Erfahrungen, die Menschen in unterschiedlichen Bereichen als mögliche Antworten auf diese Frage gesammelt haben.

Mit diesem Buch wollen wir versuchen, aus den Erkenntnissen von zumindest drei Disziplinen den Grundstein dafür zu legen: der Religionswissenschaft (Anselm Grün), der Sozialphilosophie (Maik Hosang) und der Neurobiologie (Gerald Hüther). Da diese drei Wissenschaftsbereiche traditionell sehr verschiedene Begriffe und Denkmuster zur Beschreibung ihrer jeweiligen Ausschnitte der Wirklichkeit verwenden, war es gar nicht so leicht, sie jeweils aus der Perspektive der letztlich alles durchdringenden Energie Liebe zu rekonstruieren; doch es zeigt sich, dass es trotz verschiedener Erscheinungsformen und Begriffe dieselbe grundlegende kreative Liebe ist, die alle Bereiche und Schichten der Evolution bewegt und erfüllt und die in uns Menschen zum Bewusstsein ihrer selbst kommen kann.

Das Buch beginnt mit Ausführungen Gerald Hüthers über die entscheidende Bedeutung der Liebe für die Menschwerdung des Affen. Danach beschreibt Maik Hosang, inwiefern Liebe auch der ausschlaggebende Impuls für die spannendsten Innovationen der Menschheitsgeschichte in Vergangenheit und Zukunft war und ist. Woraufhin dann Anselm Grün den Bogen schließt mit grundsätzlichen Gedanken dazu, warum Liebe der tiefste Grund und schönste Sinn des Seins generell ist und wie die Menschheit sich dessen in Religionen und Philosophien zunehmend bewusst wird.

Wir laden Sie, liebe Leserinnen und Leser, herzlich ein, uns bei dieser Zusammenführung von Erkenntnissen, wie die volle Entfaltung des Potenzials der Liebe in unserer heutigen Welt gelingen kann, zu begleiten.

Wir beherrschen bereits die Energie des Windes, der Meere und der Sonne. Doch an dem Tag, an dem der Mensch mit der Energie der Liebe umzugehen weiß, wird diese Erkenntnis so wichtig sein wie die Entdeckung des Feuers.

Pierre Teilhard de Chardin

TEIL 1

GERALD HÜTHER

Die Bedeutung der Liebe für die Menschwerdung des Affen

Dieses Buch hat nicht nur einen revolutionären Titel. Es enthält auch eine revolutionäre Botschaft. Deshalb will ich mit meinem Beitrag nicht lange um den heißen Brei herumschreiben. Lassen Sie mich also – wie es so bezeichnend heißt und wie es von Revoluzzern ja auch erwartet wird – gleich »mit der Tür ins Haus fallen«.

Die Überschrift meines Beitrags macht ja bereits deutlich, worum es geht: um diesen ziemlich komplizierten Entwicklungsprozess, der sich in einer langen Kette aufeinanderfolgender Generationen innerhalb der letzten 100 000 Jahre vollzogen hat und der als Zwischenergebnis das hervorgebracht hat, was wir heute sind: Zauberlehrlinge, die permanent etwas in Gang setzen, was ihnen anschließend über den Kopf wächst.

1. Wir sind noch nicht zu dem geworden, was wir sein könnten

»Der Übergang vom Affen zum Menschen, das sind wir«, so hat der nobelpreisgekrönte Verhaltensforscher Konrad Lorenz unseren gegenwärtigen Entwicklungsstand treffend definiert (Lorenz 1968). Und wenn wir uns heutzutage in unserer Welt umschauen, bleibt nur zu hoffen, dass es uns möglichst bald gelingt, diesen Übergang noch zu schaffen. Ansonsten werden wir wohl als »Irrläufer der Evolution« (Koestler 1978) in die terrestrischen Annalen eingehen. Das von uns selbst proklamierte Zeitalter des Anthropozän hätte dann durch unseren selbstverschuldeten Untergang ein natürliches Ende gefunden, und unser wunderbarer blauer Planet wäre auf die einfachste Art von der größten, seinen Fortbestand gefährdenden Plage erlöst. Zurück auf die Bäume zu klettern und uns selbst wieder zum Affen zu machen, ist definitiv keine Option mehr für uns. Nur wenige der Milliarden in unseren Megastädten zusammengepferchten Menschen sind noch in der Lage, in der freien Natur zu überleben. So bleibt uns also nur der Weg in die andere Richtung. Hin zu dem, was Menschsein wirklich bedeutet. Aber was ist es, was uns zu Menschen macht? Was könnte uns helfen, diesen Übergang zu schaffen?

Friedrich Engels, der gelehrte Unternehmer und überzeugte Kommunist, treuer Weggefährte von Karl Marx, war der Meinung, es sei die Arbeit. Sehr überzeugend dargelegt hat er das in seiner 1876 verfassten Schrift »Der Anteil der Arbeit an der Menschwerdung des Affen«. Deshalb ging es ihm und Karl Marx auch um die gerechte Verteilung der durch arbeitende Menschen erzeugten Produkte und der durch ihren Verkauf erzielten Gewinne. Ihre Forderung zur Schaffung dieses Zustandes wurde zum Auslöser für einen das gesamte 20. Jahrhundert prägenden Klassenkampf. Den Übergang vom Affen zum Menschen haben diese Auseinandersetzungen jedoch kaum befördert. Selbst dort, wo die Anführer dieser Arbeiterbewegungen die Macht übernommen, die Arbeit befreit und die alten Produktionsverhältnisse umgestürzt hatten, ist eine spürbare und nachhaltige Entwicklung hin zu etwas mehr Menschlichkeit ausgeblieben.

So ging es also nicht. Das war keine revolutionäre Transformation menschlichen Zusammenlebens, sondern die Fortsetzung der bis dahin entwickelten Beziehungsmuster unter dem Vorzeichen veränderter Machtverhältnisse. Das heißt nicht, dass sich Marx und Engels mit ihrer Analyse geirrt hatten. Zweifellos kommt der Arbeit, also dem Tätigsein, dem Erwerb von Wissen und Können und der Entwicklung der Produktivkräfte ein wichtiger Anteil an der Herausbildung all dessen zu, was bisher von Menschen geschaffen worden ist. Aber die Arbeit hat uns nicht zu dem gemacht, was wir sind, und sie ist auch nicht das, was darüber bestimmt, ob uns der Übergang zum Menschen gelingt.

»Aber die Intelligenz«, werden Sie sagen. »Ist sie es nicht, die uns als vernunftbegabte Wesen von allen Tieren unterscheidet?« Nur Gemach. Mit der Klugheit und dem Denken geht es uns ähnlich wie mit der Arbeit oder auch mit der Sprache oder der Kreativität: All das sind wichtige Fähigkeiten, die wir Menschen entwickelt haben. Aber werden wir, indem wir sie nutzen und weiterentwickeln, tatsächlich auch menschlicher?

Diebe, Terroristen, Verbrecher und was es sonst noch für Personen geben mag, die ein friedliches und konstruktives menschliches Zusammenleben immer wieder untergraben und jede Entwicklung zu etwas mehr Menschlichkeit oft schon im Keim ersticken, nutzen doch auch die Vernunft, arbeiten, kommunizieren und entwickeln kreative Ideen, um andere Menschen für ihre Zwecke zu benutzen, sie zu unterdrücken, auszubeuten und sie für ihre Absichten zu instrumentalisieren. Fast alle menschlichen Fähigkeiten, die wir so gern als Herausstellungsmerkmale unserer Spezies betrachten, lassen sich in dieser Weise missbrauchen. Wenn wir also nach etwas suchen, was wirklich entscheidend für den Prozess der Menschwerdung ist, so werden wir das nur auf einer Ebene finden können, die ausschlaggebend dafür ist, *wofür* wir all diese Fähigkeiten entwickeln und einsetzen. Es müsste also etwas sein, das unserem Denken, unserem Handeln und unserem Fühlen eine Richtung verleiht – nicht weg, sondern hin zu mehr Menschlichkeit. Wir müssten uns also fragen, was Menschen dazu bringt, mit anderen zusammenzuarbeiten, sich mit ihnen auszutauschen, voneinander zu lernen und ihr Leben miteinander zu gestalten und zwar so, dass niemand, auch keine andere Gemeinschaft, dadurch unterdrückt, geschädigt und in ihrer jeweiligen eigenen Entwicklung behindert wird.

2. Wir sind soziale Wesen und können den Prozess der Menschwerdung deshalb nur gemeinsam gestalten

Jeder Mensch ist einzigartig. Zu allen Zeiten, in allen Weltgegenden und allen Kulturkreisen haben Menschen unterschiedliche Erfahrungen gemacht, spezifisches Wissen erlangt und besondere Fähigkeiten erworben. Sie haben ihre jeweiligen Erfahrungen, ihr Wissen und Können innerhalb ihrer Gemeinschaften mit anderen geteilt und an ihre Nachkommen weitergegeben. Niemals im Lauf der Menschheitsgeschichte gab es zwei Menschen, auch keine eineiigen Zwillinge, die genau die gleichen Erfahrungen machten, die über identisches Wissen und Können verfügten und all das auch in identischer Weise in Form entsprechender neuronaler Netzwerke und Verschaltungsmuster in ihren Gehirnen verankert hatten. Deshalb ist jeder Mensch einzigartig.

Aber all das Wissen und Können und all die unterschiedlichen Erfahrungen konnten von jedem einzelnen Menschen nur deshalb erworben und in seinem Gehirn verankert werden, weil es andere Menschen gab, die ihm ihr jeweiliges Wissen und Können zur Verfügung gestellt und ihm gezeigt und ihn gelehrt haben, wie etwas funktioniert, worauf es ankommt und was zu tun ist, um sich im Leben zurechtzufinden. Ohne diese anderen und das von ihnen übernommene Wissen und Können wäre kein Mensch zu dem geworden, was sie oder er heute ist. Deshalb ist jeder Mensch in seiner Einzigartigkeit immer ein soziales Gebilde und sein Gehirn ein soziales Konstrukt. Genauso wenig, wie es ein Gehirn ohne den dazugehörigen Körper gibt, kann es ein einzelnes Gehirn ohne die in der Beziehung zu anderen Menschen gemachten Erfahrungen geben. Wir sind also in viel stärkerem Maß als bisher angenommen soziale Wesen, die ihre Einzigartigkeit der Einzigartigkeit der von uns in unseren jeweiligen sozialen Beziehungen gemachten Erfahrungen verdanken.

Diese aus den Erkenntnissen der Hirnforschung ableitbare Schlussfolgerung beginnt sich nun auch zunehmend in anderen Disziplinen, vor allem in den Sozialwissenschaften, auszubreiten. In unserem westlichen Kulturkreis, in dem seit der Aufklärung die Individualität des Menschen so stark in den Mittelpunkt gerückt ist, stößt sie aber noch immer auf erhebliche Widerstände. Und in der Tat fällt es hier vielen schwer, sich mit der Erkenntnis anzufreunden, dass es »den Menschen« als Einzelwesen gar nicht gibt, dass er nur in unserer Vorstellung als geistiges Konstrukt existiert.

Aber der Umstand, dass unsere Einzigartigkeit aus der Einzigartigkeit unserer sozialen Beziehungserfahrungen erwächst, heißt eben nicht, dass der einzelne Mensch oder sein Gehirn als passive Knetmasse zu betrachten ist, die durch diese sozialen Erfahrungen geformt wird. Wer das glaubt, hat nicht verstanden, dass jeder Mensch bereits bei seiner Geburt als einzigartiges Wesen auf die Welt kommt. Bereits vorgeburtlich entwickelt sich aus der befruchteten Eizelle ein einzigartiger Körper, denn wir alle sind mit unterschiedlichen genetischen Anlagen ausgestattet und durchlaufen vor der Geburt einen hochkomplizierten Entwicklungsprozess, in dessen Verlauf sich die Organanlagen und Organe unseres Körpers erst herausbilden – in jeweils einzigartiger Weise. Und weil sich die ersten Verknüpfungen im sich entwickelnden Gehirn anhand der aus diesem Körper zu den verschiedenen Hirnbereichen weitergeleiteten Erregungsmuster stabilisieren, sind die so herausgeformten Vernetzungen im Gehirn auch optimal an die jeweiligen körperliche Beschaffenheit eines jeden Kindes angepasst. Es verfügt also schon, bevor es auf die Welt kommt, über ein einzigartiges Gehirn.

Deshalb verhalten sich auch alle Neugeborenen bereits so unterschiedlich. Der eine reagiert stärker auf dieses, der andere auf jenes. Die eine bringt Vorlieben für dieses mit, die andere für jenes, für den einen ist dieses bedeutsam, für den anderen etwas anderes. Und das alles hat sich bereits in dieser einzigartigen Weise herausgeformt, bevor ein Kind seine ersten Erfahrungen mit seinen Eltern macht. Deshalb reagiert auch jedes Kind auf seine besondere Weise auf all das, was es dann in der Beziehung zu seinen jeweiligen frühen und späteren Bezugspersonen erlebt. Sein Hirn ist alles andere als eine durch diese Beziehungserfahrungen verformbare Knetmasse.

Von Anfang an verfolgt jedes Kind eigene Absichten, hat eigene Vorlieben, lässt sich auf manches leichter ein als auf anderes, ist also ein intentionales Wesen mit einem eigenen Willen. Und jetzt erst, im weiteren Verlauf seiner Hirnentwicklung, entstehen diese frühen Prägungen, die später zu eigenen Vorstellungen und Überzeugungen, zu bestimmten Vorlieben und Abneigungen führen. Aber die entstehen nicht durch die auf das Kind einwirkenden äußeren Einflüsse oder Ereignisse, sondern als Ergebnis des eigenen

Abgleichs dieser äußeren Einwirkungen mit den bereits im kindlichen Gehirn verankerten eigenen Erwartungen, Vorstellungen, Überzeugungen und den daraus abgeleiteten Intentionen. Oder einfacher: Unser Gehirn wird nicht von anderen geformt, es konstruiert sich vielmehr selbst anhand der mit anderen Menschen gemachten Erfahrungen und zwar immer auf der Grundlage der bisher bereits entstandenen, durch vorangegangene Erfahrungen strukturierten neuronalen Verschaltungsmuster.

Dieser kleine Ausflug in die Anfänge der Selbstorganisation des menschlichen Gehirns lässt nun auch verständlich werden, weshalb Kinder beim Hineinwachsen in eine Familie, in eine zunächst kleine und dann immer größer werdende Gemeinschaft und schließlich in eine Gesellschaft, in einen bestimmten Kulturkreis, sehr unterschiedliche Vorstellungen und Überzeugungen davon entwickeln, worauf es im Zusammenleben mit anderen ankommt. Aber diese Vorstellungen bringen sie nicht mit auf die Welt. Und sie übernehmen sie auch nicht von den Erwachsenen. Sie beobachten aber von Anfang an sehr genau, was zunächst ihre primären Bezugspersonen und später auch andere Menschen in ihrem Umkreis tun, wie sich diese also in unterschiedlichen Situationen verhalten. Und vor allem, wie diese Personen mit ihnen, mit ihren Geschwistern, miteinander und mit anderen Menschen umgehen.

Diese von den Kindern so genau registrierten Verhaltensweisen sind – das wissen die Kleinen natürlich noch nicht und den betreffenden Großen wird das meist erst dann bewusst, wenn es bereits zu spät ist – Ausdruck einer bestimmten Haltung.

Diese das Verhalten eines Menschen lenkende innere Einstellung oder Haltung ist weder sichtbar noch messbar. Sie lässt sich nur aus dem Handeln eines Menschen – dazu zählen auch die Mimik und Gestik und das, was sie oder er sagt – erkennen, bisweilen auch nur erahnen. Auch das wissen die Kinder nicht, aber genau das ist es, worauf sie so genau achten. Indem sie beobachten, was jemand sagt oder tut, ergründen sie – ohne es zu wissen – die diesen Verhaltensweisen zugrunde liegende Haltung der für sie wichtigen Bezugspersonen. Sie tun das intuitiv, niemand braucht ihnen zu zeigen, wie es geht. Und sie bringen auf diese Weise genau das in Erfahrung, was für sie selbst wirklich wichtig ist: Ob sie sich auf diese Person verlassen, ob sie ihr vertrauen können. Und vor allem, ob sie von dieser Person so wie sie sind, in ihrer Einzigartigkeit gesehen, angenommen und als bedeutsam betrachtet werden. Nur wer in seinem Hineinwachsen in eine menschliche Gemeinschaft die Erfahrung machen konnte, allein durch sein bloßes Dasein bedeutsam zu sein, wird später im Leben nicht auf die Idee kommen und es auch nicht nötig haben, sich selbst auf Kosten anderer Menschen Bedeutsamkeit zu verschaffen.

3. Zu Menschen werden wir nicht durch das, was uns von den Tieren unterscheidet

Noch im vergangenen Jahrhundert war die Auffassung weit verbreitet, die Fähigkeit zu lernen sei ein Herausstellungsmerkmal des Menschen. Diese Auffassung ließ sich jedoch angesichts der immer zahlreicher werdenden Beobachtungen von zum Teil sogar sehr komplexen Lernleistungen von Tieren nicht länger aufrechterhalten.

Sie wurde abgelöst von der Vorstellung, nur wir Menschen seien in der Lage zu lernen, was im Kopf einer anderen Person vorgehe, was sie vorhat, welche Absichten sie verfolgt und was sie deshalb sagt oder tut. Als *Theory of Mind* bezeichnen die Hirnforscher diese besondere Fähigkeit. Aber auch sie ist offenbar kein Alleinstellungsmerkmal von uns Menschen. Auch die mit uns verwandten Primaten verfügen über diese Fähigkeit. Auch sie können offenbar schon lernen, sich ein Bild davon zu machen, eine Vorstellung davon zu entwickeln, was ein anderer Affe oder ihr menschlicher Betreuer vorhat und welche Absichten er verfolgt. Inzwischen sind sogar die ersten Hinweise dafür gefunden worden, dass auch Hunde und manche Vögel in der Lage sind, eine Vorstellung davon zu entwickeln, was für Absichten ein anderer verfolgt, was er also denkt und vorhat.

Dennoch gibt es etwas, was nur wir Menschen lernen können und was uns wirklich von den Tieren unterscheidet: Nur wir sind in der Lage zu lernen, die Lernfähigkeit anderer Lebewesen und vor allem die unserer eigenen Artgenossen, sogar die unserer Kinder, gezielt und bewusst zur Verfolgung eigener Absichten auszunutzen.

Nur wir können lernen, andere abzurichten und so zu dressieren, dass sie sich schließlich so verhalten und genau das tun, was wir wollen. Konditionierung nennen das die Lernforscher heute. Aber dass sich bei Tieren und erst recht bei anderen Menschen, vor allem dann, wenn sie noch jung, unerfahren und abhängig sind, durch Belohnungen oder Bestrafungen gezielt bestimmte Leistungen hervorbringen lassen, haben Menschen bereits sehr früh gelernt, lange bevor Pawlow mit seinen Experimenten an Hunden herausgefunden hatte, wie diese Konditionierung funktioniert.

Damit ein Mensch einem Hund, einem Kanarienvogel, einem Affen oder einem anderen Menschen durch solche Konditionierungsprozesse etwas beibringen kann, ihn also lehren kann, etwas zu tun, was das betreffende Lebewesen normalerweise nicht oder zumindest nicht auf Kommando oder nur in einem bestimmten Kontext tun würde, muss der jeweilige Lehrmeister über eine Fähigkeit verfügen, die nur Menschen erlernen können. Er oder sie muss in der Lage sein, dieses andere Lebewesen nicht als Subjekt, sondern als Objekt zu betrachten. Erst als solches kann er es für seine Konditionierungsabsichten benutzen.

Diese besondere Fähigkeit, andere Lebewesen, seine Mitmenschen und sogar die eigenen Kinder als Objekte zu behandeln, ist dem Menschen nicht angeboren. Sie wird erst durch einen eigenen Lernprozess erworben. Und zwar dadurch, dass die betreffende Person im Verlauf ihrer eigenen Entwicklung selbst von anderen zum Objekt ihrer Absichten und Ziele, ihrer Bewertungen und Belehrungen, ihrer Erziehungs- und Bildungsmaßnahmen gemacht wurde. Oft geschieht das bereits während der frühen Kindheit, es setzt sich fort in den Bildungseinrichtungen und kennzeichnet bis heute die Art unseres gegenwärtigen Zusammenlebens. Anstatt einander als Subjekte zu begegnen und voneinander zu lernen, machen wir uns gegenseitig zu Objekten und benutzen einander bei der Verfolgung unserer jeweiligen Absichten und Ziele. Es handelt sich hierbei um eine bemerkenswerte Kulturleistung, die nur der Mensch mit Hilfe seines enorm komplexen Gehirns und nur aufgrund seiner Eingebundenheit in menschliche Gemeinschaften zu entwickeln imstande war.

Als kollektive Lernleistung herausbilden – und in Form speziell dafür geschaffener Erziehungs- und Bildungseinrichtungen innerhalb menschlicher Gemeinschaften strukturell verankern – konnten Menschen diese Fähigkeit deshalb, weil es unter bestimmten Bedingungen vorteilhaft war, andere als Objekte zu betrachten, zu behandeln und zu benutzen. Konkret heißen diese Bedingungen Not und Elend, verursacht durch Naturkatastrophen, meist aber durch kriegerische Auseinandersetzungen. Allgemeiner ausgedrückt waren es fortwährende Bedrohungen der eigenen Existenz, also das durch Angst ausgelöste Bedürfnis nach Sicherheit und Kontrolle, was zur Herausbildung dieser besonderen Kulturleistung geführt hat.

Die wirksamste Bewältigungsstrategie, die von einer bedrohten und verängstigten menschlichen Gemeinschaft gefunden werden kann, ist der Aufbau einer möglichst streng organisierten, hierarchisch geordneten Sozialstruktur. Hier agieren nur noch wenige Personen als entscheidungs- und handlungsfähige Subjekte, alle anderen haben sich deren Entscheidungen, Maßnahmen und Anordnungen unterzuordnen.

Nur so konnten Soldaten geführt und Kriege gewonnen werden. So können bis heute aber nicht nur kollektive Bedrohungen abgewendet, sondern auch erlangte Besitztümer und Privilegien gesichert werden. Weil das in allen menschlichen Gemeinschaften bisher so bedeutsam war, hat sich diese Fähigkeit, andere Menschen als Objekte zur Verfolgung eigener Absichten und Ziele zu benutzen, auch nahezu überall auf der Erde herausgebildet.

Weil wir Menschen so enorm lernfähig sind, haben wir auch schon sehr früh gelernt, diese Lernfähigkeit bewusst und gezielt zu benutzen, um unsere eigenen Besitztümer zu sichern, andere zu unterwerfen, sie zu berauben, zu missbrauchen und zu manipulieren. Genau das aber hatte zur Folge, dass sich das in uns angelegte Potenzial zur Herausbildung individualisierter ko-kreativer Gemeinschaften bisher nicht wirklich entfalten konnte. Deshalb stecken wir bis heute fest in einer von Konkurrenzdenken und Besitzstandswahrung geprägten Vorstellungswelt.

Wer in eine solche Welt hineingewachsen ist, dem fällt es schwer, eine Vision davon zu entwickeln, wie Menschen auch anders zusammenleben könnten.

4. Menschlichkeit können wir nur aus dem entwickeln, was uns mit anderen Lebewesen verbindet

Versuchen wir es also einmal andersherum. Menschlicher lässt sich unser Zusammenleben nicht dadurch gestalten, dass wir andere Menschen zu Objekten unserer Absichten, Erwartungen, Bewertungen oder gar Maßnahmen machen. Wenn es aber nur diese fragwürdige Kulturleistung ist, die uns nicht nur quantitativ, sondern qualitativ von unseren tierischen Verwandten unterscheidet, sollten wir unsere Aufmerksamkeit vielleicht stärker auf das richten, was uns mit anderen verbindet. Nicht nur mit anderen Menschen, sondern generell mit anderen Lebewesen.

Alles, was lebendig ist, gleichgültig ob es sich dabei um eine einzelne Zelle, einen vielzelligen Organismus oder eine aus unterschiedlichen Individuen bestehende Gemeinschaft handelt, muss Lösungen finden, die es ihm ermöglichen, sein bisher herausgeformtes inneres Beziehungsgefüge aufrechtzuerhalten. Das ist schwierig, weil diese innere Ordnung durch Einflüsse aus der Außenwelt ständig gestört wird. Ursache dieser Störungen ist die – für den Aufbau und die Aufrechterhaltung dieser inneren Strukturen notwendige – Offenheit aller lebenden Systeme gegenüber destabilisierenden Einflüssen aus der Außenwelt.

Da jedes Lebewesen in ein komplexes Beziehungsgefüge mit anderen Lebewesen eingebettet ist, werden diese Störungen primär durch andere Lebewesen ausgelöst, die ebenfalls versuchen, ihr inneres Beziehungsgefüge aufrechtzuerhalten, die also selbst ebenfalls am Leben bleiben, wachsen und sich vermehren wollen. In einer begrenzten Welt mit begrenzten Ressourcen ist das nur für begrenzte Zeit möglich. Irgendwann wird der Lebensraum zu eng und die Nahrung zu knapp, und dann geht es so wie bisher nicht mehr weiter. Dann müssen von den betreffenden Lebensformen neue Lösungen gefunden werden, um das eigene Überleben, um ihr weiteres Wachstum und ihre Reproduktion zu sichern.

Während dieser Übergangsphasen kommt es zwangsläufig zu einer zunehmenden Destabilisierung des inneren Beziehungsgefüges der in einem bestimmten Ökosystem lebenden, wachsenden und sich vermehrenden Lebewesen. Am stärksten davon betroffen sind immer diejenigen Lebensformen, die mehr Ressourcen als andere verbrauchen, weil sie zum Beispiel als juvenile Formen schneller wachsen als die Generation der Erwachsenen. Die Individuen der nachwachsenden Generation sind aber noch in der Lage, die Ausformung ihres inneren Beziehungsgefüges tiefgreifender an die restriktive Versorgungslage anzupassen und so neue Lösungen zur Sicherung ihres Überlebens und ihrer Reproduktion zu finden.

Es sind deshalb selten die alten, erwachsenen und erfahrenen Individuen einer bestimmten Lebensform, die in schwierigen Zeiten wirklich innovative Lösungen finden und veränderte innere Beziehungsmuster entwickeln können. Es sind vielmehr diejenigen, die unter schwieriger werdenden Bedingungen heranwachsen, die noch unerfahren, unfertig, noch suchend unterwegs sind. Ihr inneres Beziehungsgefüge und damit ihre innere Organisation ist viel leichter und auch viel grundsätzlicher umbaubar und an neue Erfordernisse anpassbar als die der Elterngeneration mit all deren festgelegten Mustern und Strategien zur Lösung von Versorgungs-, Überbevölkerungs- oder sonstigen Problemen der Ressourcenverknappung.

Wenn erwachsene Menschen verunsichert werden und Angst haben, oder wenn irgendwelche anderen erwachsenen Lebewesen destabilisierenden Einflüssen ausgesetzt sind, so reagieren sie darauf immer zunächst mit dem Versuch, ihr verstörtes inneres Beziehungsgefüge wieder zu stabilisieren. Sie machen also das, was sie immer schon gemacht haben, wenn es schwierig wurde: Sie greifen auf ihre bereits bewährten Lösungsstrategien zurück. Sie versuchen noch mehr vom Alten. Das aber ist keine Weiterentwicklung, das ist auch alles andere als innovativ. Das ist einfach nur rückwärtsgewandtes Auf-der-Stelle-Treten. Und dabei kann auch nichts anderes herauskommen als die ständige Verbesserung all dessen, was sich bisher bereits bewährt hat. Das Resultat dieser aus der Angst, dem Stress und der Not geborenen Lösungen, die dann auch gern als Fortschritt bezeichnet werden, ist deshalb lediglich die Fortentwicklung dessen, was bisher bereits funktioniert hat.

Dieser Prozess verläuft genau so, wie ihn bereits Charles Darwin beschrieben hat: Durch Selektionsdruck und die damit einhergehende Verbesserung der Überlebens- und Reproduktionschancen all jener Individuen einer Art, die nicht nur die genetischen Anlagen dafür besaßen, sondern die auch unter Bedingungen lebten, unter denen es ihnen möglich war, ihre besonderen Anlagen tatsächlich zu entfalten. Nur sie konnten bestimmte Merkmale so ausbilden und die Effizienz, der daraus erwachsenen Leistungen und Fähigkeiten so verbessern, dass ihr Weiterleben und ihre Fortpflanzung nun auch unter verstärktem Konkurrenzdruck und verminderter Ressourcenverfügbarkeit gesichert waren.

Um aber bestimmte, bisher nicht exprimierte Gensequenzen auf einmal abschreiben und bisher nur als Potenzial angelegte Fähigkeiten auch wirklich herausbilden zu können, muss man noch sehr jung sein. Je jünger, desto besser. Am besten geht das bereits vor der Geburt. Denn dann ist das Zusammenspiel von Genexpression und Merkmalsausbildung noch nicht so fest gefügt und eingefahren. Nur dann herrschen noch die für die Expression neuer Genkombinationen günstigen Bedingungen. Nur wenn sie noch sehr jung und noch nicht so stark ausdifferenziert sind, können

Lebewesen einen wachsenden Selektionsdruck auch wirklich nutzen, um bestimmte in ihnen angelegte genetische Potenziale zu entfalten und die für ihr Überleben und ihre Reproduktion erforderlichen Merkmale und Fähigkeiten herauszubilden.

Damit ein Lebewesen ein in seinem Genom angelegtes Potenzial zur Entfaltung bringen kann, muss die Ausbildung des aus diesem Potenzial herausgeformten Merkmals für das betreffende Individuum von Anfang an bedeutsam sein. Bedeutsam kann die Herausbildung eines bestimmten Merkmals, beispielsweise die Herstellung eines bestimmten Eiweißes, dadurch werden, dass Zellen unter dem Einfluss bestimmter Signalstoffe geraten, die von anderen Zellen des sich entwickelnden Organismus produziert werden.

Bedeutsam kann die Ausbildung eines bestimmten Merkmals oder einer bestimmten Fähigkeit aber auch dadurch werden, dass es innerhalb des bisher ausgebildeten Beziehungsgefüges eines Organismus zu einer Störung oder einer Destabilisierung durch äußere Einflüsse kommt, der nur durch die betreffende Merkmalsausbildung oder den Erwerb einer bestimmten Fähigkeit begegnet werden kann. Dann wird die Not zur Triebfeder für die Suche nach Auswegen und Lösungen.

Dabei sind die Spielräume der erwachsenen Individuen einer Art zwangsläufig geringer als die ihrer juvenilen Mitglieder. Kinder sind noch freier und flexibler als die Alten. Sie können noch nicht automatisch auf alte, bereits bewährte Lösungen zurückgreifen. Sie sind noch in der Lage, neue, unkonventionelle, von den Erwachsenen nicht für möglich gehaltene Auswege aus schwierigen Situationen, also aus der mit der Destabilisierung ihres inneren Beziehungsgefüges einhergehenden Verunsicherung und Angst zu finden.

Wie immer diese Auswege und Lösungen auch aussehen, sie lassen sich alle einer der beiden grundsätzlich möglichen Bewältigungsstrategien zuordnen: Entweder man wehrt sich gegen die Konkurrenten oder man verbündet sich mit ihnen. Kurzfristig kann die Strategie der Abgrenzung, des sich Einmauerns, des Sich-zur-Wehr-Setzens durchaus erfolgreich sein. Langfristig aber bleibt sie eine ständig weitersprudelnde Quelle von immer neuen Destabilisierungsprozessen und eine zwangsläufig zu fortschreitender Abgrenzung und Spezialisierung zwingende Triebfeder der eigenen Weiterentwicklung.

Die durch den Wettbewerb um begrenzte Ressourcen forcierte Spezialisierung treibt einzelne Arten in ökologische Nischen. Komplexität und die Generierung eines reichhaltigen Spektrums von im Genom angelegten Potenzialen sind in solch speziellen Lebensräumen ohne Vorteil für das Überleben und die Reproduktion. Wer als Spezialist gut überleben kann, der braucht kein Alleskönner zu werden oder zu bleiben. Günstige Bedingungen für die Erweiterung des Spektrums der im Genom verankerten Optionen und für die Herausbildung komplexer Beziehungsmuster und Organisationsstrukturen innerhalb und zwischen Individuen herrschen also nicht dort, wo der Wettbewerb besonders stark ist. Sie wären vielmehr überall dort zu suchen, wo der Wettbewerb eine weniger bedeutsame Rolle für das Überleben und die Reproduktion der Individuen einer Art spielt. Das aber sind all jene Phasen in der stammesgeschichtlichen Entwicklung einzelner Arten, in denen nicht Not, Elend, Mangel und Ressourcenverknappung herrschten, sondern Überfluss. Dort, in diesen Phasen des unangestrengten, stress- und konkurrenzfreien Zusammenlebens werden kreative und innovative Lösungen möglich, dort kommt es zur Herausbildung neuer Potenziale, dort wird die spielerische Weiterentwicklung und Neukombination bereits angelegter Reaktions- und Beziehungsmuster möglich. Nicht unter Druck, sondern im unbekümmerten freien Zusammenspiel erfindet das Leben sich immer wieder neu, bilden die sich entwickelnden Lebensformen zunehmend komplexere innere Strukturen und Interaktionsmuster aus und gehen immer engere und komplexere Wechselbeziehungen mit anderen Lebensformen ein. Auch hier werden neuartige Lösungen wieder nicht so sehr von den Alten, bereits Erwachsenen gefunden, sondern von den Jungen und Jüngsten, die noch viel offener und beziehungsfähiger sind.

Je weiter die Entwicklung des Lebens auf unserer Erde in dieser Weise voranschritt, desto differenzierter und vom zuvor erreichten Entwicklungsstand abhängiger wurden die jeweils neu hinzukommenden Lebensformen. Aus den anfangs noch sehr einfachen Bauplänen für die schnell wachsenden und sich rasch vermehrenden Einzeller entstanden so immer kompliziertere genetische Muster für den Aufbau langsamer wachsender und sich weniger rasch vermehrender, dafür aber immer komplexer strukturierter Vielzeller. Aus den primitiven Nervensystemen der ersten Tiere entstand das komplizierte, lernfähige Gehirn des Menschen mit der Fähigkeit, innere Muster in Form von Ideen und Vorstellungen zu erzeugen, diese an andere Menschen weiterzugeben und an nachfolgende Generationen zu überliefern.

So wurde das ursprünglich von DNA-kodierten Mustern gelenkte, noch rein stoffliche Wachstum zu einem nichtstofflichen geistigen Wachstum, das durch die Verbreitung von inneren, das Denken, Fühlen und Handeln bestimmenden Vorstellungen gelenkt ist. Die von den ersten Lebensformen entwickelte Fähigkeit, DNA-verankerte Erfahrungen zu übernehmen, zu erweitern, zur Lenkung des eigenen Wachstums und zur Aufrechterhaltung der eigenen inneren Ordnung zu nutzen, war damit in eine neue Qualität umgeschlagen: Das bis dahin sichtbare und messbare Wachstum wurde zu einem immateriellen, nicht sichtbaren und nicht messbaren Wachstum. So ist das Leben – wenngleich noch immer an materielle Strukturen gebunden – zu einem erkenntnisgewinnenden, geistigen Wachstumsprozess geworden.

Damit hat die Evolution des Lebendigen mit der Herausbildung immer komplexer werdender Gehirne einen Weg gefunden, der unbegrenztes Wachstum ermöglicht, ohne dass uns durch ein immer größer werdendes Gehirn irgendwann der Schädel platzt: Was ewig weiterwachsen kann, ist das

Ausmaß der Verknüpfungen, die Intensität der Beziehungen der Nervenzellen und natürlich erst recht der mit diesen komplexen neuronalen Verknüpfungen in ihren Hirnen ausgestatteten Menschen untereinander.

Die wichtigste Voraussetzung dafür, dass ein in dieser Weise immer stärker vernetztes Gehirn entstehen konnte, musste allerdings unterwegs, in einem langen und störanfälligen evolutionären Entwicklungsprozess, erst allmählich geschaffen werden. Denn um ein solch komplexes Beziehungsgefüge der Nervenzellen im Gehirn herausbilden zu können, bedurfte es nicht nur der dafür erforderlichen genetischen Anlagen. Es musste auch sichergestellt werden, dass möglichst viele der unter der Wirkung dieser genetischen Programme zunächst herausgeformten Vernetzungs- und Verknüpfungsoptionen von Nervenzellen in den verschiedenen Bereichen des sich entwickelnden Gehirns auch tatsächlich genutzt und dadurch entsprechend gut stabilisiert werden konnten. Dazu mussten die Nachkommen während der Phase ihrer Hirnentwicklung nicht nur in eine Lebenswelt hineinwachsen, die ihnen ein möglichst reichhaltiges Spektrum an unterschiedlichsten Erfahrungen bot. Sie mussten gleichzeitig auch vor störenden Einflüssen geschützt werden, die die Ausgestaltung der in ihrem Gehirn angelegten Verknüpfungsoptionen zu früh in eine bestimmte Richtung drängten und sie zu frühen Spezialisierungsleistungen zwangen.

Am reichhaltigsten wird der Erfahrungsraum für die Individuen einer bestimmten Art immer dann, wenn es ihnen gelingt, Gemeinschaften zu bilden, in denen individuell gemachte Erfahrungen untereinander ausgetauscht und an die jeweiligen Nachkommen weitergegeben werden können. Dazu müssen die Mitglieder einer solchen Gemeinschaft durch ein emotionales Band, durch ein Gefühl der Zusammengehörigkeit miteinander verbunden sein. Und der Schutz der Nachkommen vor störenden, ihre Hirnentwicklung zu schnell in bestimmte Spezialisierungen zwingenden äußeren Einflüssen lässt sich nur gewährleisten, wenn die erwachsenen Mitglieder einer solchen Gemeinschaft und insbesondere die Eltern dieser Nachkommen mit einem engen emotionalen Band, einem Gefühl bedingungsloser Liebe mit ihren Kindern verbunden sind.

5. Es ist die Liebe, die uns mit uns selbst, mit anderen und mit der Welt verbindet

Die meisten Menschen halten die Liebe für ein Gefühl. Und es gibt Hirnforscher, die sich in den letzten Jahren mit ihren modernen bildgebenden Verfahren sehr darum bemüht haben herauszufinden, welche Bereiche des Gehirns besonders aktiv sind, wenn ein Mensch das empfindet, was diese Hirnforscher für Liebe halten.

Das Ergebnis dieser Bemühungen war ernüchternd: Wenn ein Mensch verliebt ist, flackert es an allen möglichen Stellen im Gehirn, vor allem in den sogenannten emotionalen Zentren des Limbischen Systems. Verliebtheit ist also ein Gefühl, das mit messbar veränderten Erregungsmustern im Gehirn einhergeht. Aber Liebe ist etwas anderes. Liebe lässt sich noch nicht einmal in so einer Versuchsanordnung bei einer Person erzeugen. Liebe ist eben kein Gefühlszustand, sondern eine innere Haltung, eine innere Einstellung, die darüber bestimmt, wie dieser Mensch denkt, wie er fühlt und wie er handelt. Jemand, der in dieser Haltung lebt, muss nicht ständig darauf achten, dass er von anderen etwas bekommt, er hat vielmehr etwas an andere zu verschenken.

Da Liebe also kein Gefühl ist, sondern eine Haltung, stellt sich die Frage, woher diese Haltung kommt, wie sie entsteht und weshalb manche Menschen diese Haltung eines Liebenden entwickeln und andere nicht.

Die Antwort ist einfach und jeder kennt sie: Damit man ein Liebender oder eine Liebende werden kann, muss man selbst geliebt worden sein. Die Haltung erwächst also aus einer Erfahrung. Und diese Erfahrung kann kein Mensch als Kind oder später im Leben aus sich selbst heraus und für sich allein machen. Dazu braucht er andere Menschen, die ihn lieben. Das aber können nur solche Menschen, die selbst im Verlauf ihres Lebens von irgendjemand geliebt worden sind. Liebe ist also kein individuelles Phänomen, sondern etwas, das innerhalb einer menschlichen Gemeinschaft als Ergebnis eigener Erfahrungen transgenerational weitergegeben wird.

Jetzt wird es noch interessanter: Denn so betrachtet ist das, was wir Liebe nennen, in Wirklichkeit eine kulturelle Leistung, die in dieser Form auch nur von menschlichen Gemeinschaften entwickelt werden kann. Und daraus ergibt sich die Schlussfolgerung, dass es innerhalb menschlicher Gemeinschaften Bedingungen geben kann, die die Herausbildung dieser Kulturleistung begünstigen. Umgekehrt ist aber auch damit zu rechnen, dass diese Bedingungen ungünstiger werden können. Dann freilich werden die Mitglieder einer solchen Gemeinschaft, die Haltung der Liebe durch die eigene Erfahrung des Geliebt-Werdens beziehungsweise des Geliebt-worden-Seins nicht oder nur in sehr schwach ausgeprägter Form entwickeln können.

In solchen Gemeinschaften breitet sich dann eine Beziehungskultur aus, die von Lieblosigkeit geprägt ist. Wenn die Haltungen der Menschen in derartigen Gemeinschaften nicht mehr von Liebe getragen sind, beginnen sie, sich lieblos zu verhalten – zur sie umgebenden Natur, zu Pflanzen und Tieren, zu anderen Mitgliedern dieser Gesellschaft, innerhalb ihrer Familien und schließlich auch in der Beziehung zu ihren Kindern.

Eine solche Gemeinschaft wird nicht mehr vom Geist der Liebe, sondern von einem Geist des Misstrauens, der Angst, der gegenseitigen Abwertung und der Durchsetzung eigener Interessen auf Kosten anderer bestimmt.

Unter Bedingungen, wo ein starker äußerer Druck auf Gemeinschaften einwirkt, wo Hunger, Not und Armut herrschen, wo Naturgewalten oder äußere Feinde ihr Überleben bedrohen, mag das eine kurzfristig durchaus erfolgreiche Lösung sein. Sie sichert das nackte Überleben, treibt die einzelnen Mitglieder in einen Kampf um die Sicherung eigener Ressourcen, erzeugt einen zunehmenden Konkurrenz- und Leistungsdruck und führt dazu, dass die Mitglieder solcher Gemeinschaften individuell zu Höchstleistungen angetrieben werden. Was diese Gemeinschaften am Ende noch zusammenhält, ist die gemeinsame Not oder die gemeinsam empfundene Gefahr, also die Angst und – das wird allzu leicht übersehen – natürlich auch die von der Gemeinschaft zur Abwehr von Not, Angst und Gefahr geschaffenen Strukturen. Dazu zählen die in diesem Prozess entwickelten Hierarchien, Verwaltungsstrukturen, Gesetzgebungen, Regeln und Rituale, ebenso wie die unter diesen Bedingungen entwickelten gemeinsamen Vorstellungen, Ideologien und Mythen.

Anstelle des Geistes der Liebe herrscht in solchen Gemeinschaften dann ein anderer Geist – ein Verwaltungsgeist, ein Unterordnungsgeist, ein Klagegeist und was es da noch alles für Ungeister geben mag. Solange es ums nackte Überleben einer solchen Gemeinschaft geht, mag das durchaus vorteilhaft sein. Problematisch wird es aber, wenn diese Ungeister auch dann noch weiter genährt und lebendig gehalten werden, wenn die schlimme Not vorüber, die akute Bedrohung überstanden und die damit einhergehende Angst und Verunsicherung vorbei sind. Wenn einer Gemeinschaft das passiert, wird sie langfristig nicht überleben können.

Weshalb das so ist – und in der Vergangenheit immer so war –, lässt sich ganz einfach erklären: Für die Kinder, die in solche von selbst geschaffenen Verwaltungs- und Regelungsstrukturen beherrschten Gemeinschaften hineinwachsen, wird es immer schwerer, die Erfahrung zu machen, dass sie geliebt werden – und zwar so, wie sie sind, und nicht deshalb, weil sie besonders gut in der Lage sind, sich an die herrschenden Strukturen anzupassen. Wer nur gemocht wird, wenn er den Vorstellungen seiner Eltern, seiner Erzieher und Lehrer entspricht, wird nicht geliebt, sondern benutzt. Und wem die Erfahrung geliebt zu werden vorenthalten wird, der kann auch die Haltung der Liebe in sich nicht entwickeln. Auch das wäre nicht zu schlimm, wenn es für die Entwicklung des menschlichen Gehirns und für die Entfaltung der in jedem Kind angelegten Potenziale gleichgültig wäre, ob sich ein Kind geliebt fühlt und – so, wie es ist – angenommen weiß und ob es sein Leben später mit der Haltung der Liebe gestaltet. Genau das ist aber nicht der Fall. Wer sich nicht als geliebt erlebt, hat ein seine weitere Entwicklung bestimmendes und sie behinderndes Problem.

Gewusst haben Menschen das wohl schon immer, aber die Erkenntnisse der Hirnforscher und der Entwicklungsbiologen zeigen es nun auch mit aller Deutlichkeit und Unabweisbarkeit: Ohne Liebe bleibt das menschliche Gehirn eine Kümmerversion dessen, was daraus hätte werden können. Und wenn wir nun vor dieser banalen Erkenntnis nicht länger die Augen verschließen können, so gelingt uns das ebenso wenig vor dem Umkehrschluss, der sich aus dieser Erkenntnis ergibt: Ohne diese Kulturleistung der Liebe, ohne die Möglichkeit, individuell die Haltung eines Liebenden zu entwickeln und innerhalb unserer Gemeinschaften den Geist der Liebe immer wieder neu zu wecken und zu nähren, hätte aus uns niemals das werden können, was wir trotz aller Widrigkeiten und Rückentwicklungen bisher schon geworden sind. Eben keine nackten Affen, sondern Menschen, denen es gelungen ist, zumindest einen Teil der in ihnen angelegten Potenziale zu entfalten.

6. Ausblick: Wir könnten auch anders zusammenleben

Die mit Abstand wichtigste Erkenntnis, die die Neurobiologen in den letzten zwei Jahrzehnten zutage gefördert und anhand einer Vielzahl von Einzelbefunden bestätigt haben, ist die zeitlebens bestehende Umbaufähigkeit des menschlichen Gehirns. Neuroplastizität wird dieses Phänomen genannt, und es ist diese Neuroplastizität, die uns Menschen in die Lage versetzt, anders zu denken und zu empfinden als bisher und deshalb durchaus auch günstigere Vorstellungen davon zu entwickeln und umzusetzen, was für uns bedeutsam ist und wie wir unser künftiges Zusammenleben gestalten wollen.

Prinzipiell geht es also. Wir könnten anders zusammenleben, und es ist nicht die mangelnde Umbaufähigkeit unseres Gehirns, die uns daran hindert. Es ist einzig und allein die Angst vor dem, was dann geschieht, wenn wir aufhören, all das auch weiterhin festzuhalten, was wir selbst so mühevoll aufgebaut und geschaffen haben, um einigermaßen sicher und sorgenfrei leben zu können.

Dazu zählen nicht nur unsere materiellen Besitztümer in Form von Bankkonten und Immobilien, von Wohnungseinrichtungen und gefüllten Kleiderschränken, von Fahrzeugen oder gar Segelyachten. Auf all das könnten wir zur Not verzichten.

Aber dazu zählen eben auch all die Freunde und Bekannten und all die anderen Personen, mit denen wir uns verbunden fühlen. Wir haben Angst davor, sie zu verlieren, wenn wir uns selbst und unsere Vorstellungen davon, worauf es im Leben ankommt, plötzlich verändern und wir nicht mehr so weitermachen wollen wie bisher.

Und natürlich haben wir Angst davor, die soziale Stellung, die Achtung und Anerkennung in der Nachbarschaft und im Beruf zu verlieren, die wir in all den zurückliegenden Jahren mit großer Anstrengung zumindest teilweise erreicht haben.

Aber die größte Angst haben wir davor, dass wir uns selbst verlieren, wenn wir aufhören, all das länger festzuhalten, wovon wir bisher überzeugt waren, wovon wir geglaubt haben, dass es genau das ist, was uns als Person ausmacht: unsere im Lauf des Lebens gewonnenen Überzeugungen, die aus unseren bisherigen Erfahrungen abgeleiteten Vorstellungen und nicht zuletzt das Selbstbild, das wir uns aus all dem halb bewusst, halb unbewusst zusammengezimmert und, wenn es gelegentlich ins Wanken geriet, immer wieder irgendwie aufgerichtet haben. Weil wir so große Angst davor haben, das zu verlieren, was wir für unsere Identität halten, bleiben wir lieber so, wie wir sind: Gefangene in einem selbst gebastelten Käfig. Wie sehr wir uns darüber beklagen, mag davon abhängen, wie luxuriös dieser Käfig ausgestattet ist. Aber selbst wenn er aus purem Gold wäre, Flügel würden uns auch darin nicht wachsen. Die braucht auch niemand, solange er in einem Käfig sitzt.

Flügel wachsen uns Menschen nur dann, wenn wir genügend Raum und Gelegenheit zum Fliegen haben. Unsere menschlichen Flügel heißen Entdeckerfreude und Gestaltungslust, und der Raum, in dem sie sich entfalten, heißt Freiheit. Überall dort, wo sich Menschen ohne Angst, ohne Druck und ohne feste Vorstellungen davon, worauf es im Leben ankommt, selbstvergessen und spielerisch auf den Weg machen, spüren sie, wie wieder etwas in ihnen zu wachsen beginnt, was sie zumindest ansatzweise aus den unbekümmerten Phasen ihrer Kindheit wiedererkennen: Diese unbändige Freude am Leben, an ihrem bloßen Dasein im Hier und Jetzt. Sobald die Angst verschwindet, erwacht in ihnen die Lust am eigenen Entdecken und Gestalten. So funktioniert das Hirn, aber eben nur ohne Angst, ohne Erwartungs- oder gar Leistungsdruck.

Aber wie, so lautet die entscheidende Frage, finden wir Menschen diesen Weg in die Freiheit, wenn wir doch so große Angst davor haben, uns dabei selbst zu verlieren? Überwinden können wir diese Angst nicht, denn das hieße erneut, uns anzustrengen und uns selbst unter Druck zu setzen. So verschwindet nicht die Angst, aber ganz sicher die Entdeckerfreude und Gestaltungslust. Wir müssten die Angst also irgendwie verlieren. Sie müsste einfach so verschwinden. Von ganz allein.

Aus der Angst- und Stressforschung wissen wir, dass es drei Bedingungen gibt, die dazu führen, dass die Angst verschwindet. Da der Auslöser von Angst immer der Verlust von Vertrauen ist, geht es dabei immer um die Wiedererlangung dieses verloren gegangenen Vertrauens; und zwar als

1. Vertrauen in die eigenen Fähigkeiten und Kompetenzen,
2. Vertrauen in die Möglichkeit, Hilfe und Unterstützung bei anderen Personen zu finden, wenn die eigenen Fähigkeiten und Kompetenzen nicht ausreichen, um eine schwierige, angstauslösende Situation zu meistern, und
3. Vertrauen, in der Welt, was immer auch kommen mag, gehalten, getragen und sicher aufgehoben zu sein.

Jede dieser drei Ressourcen verringert die Angst, vollständig verschwinden kann sie allerdings nur dann, wenn das Vertrauen auf allen drei Ebenen wiedererlangt wird. Dann ist die Angst weg. Ohne Druck und ohne Anstrengung. Durch Vertrauen.

Damit kennen wir nun den Weg, der unsere Angst vor einer eigenen Veränderung verschwinden lässt und uns aus dem Käfig unserer selbst entwickelten Vorstellungen befreit. Und damit wird nun auch deutlich, dass es auf dem Weg unserer Selbstbefreiung nicht um eine Reihe aufeinander folgender und einander bedingender Revolutionen geht, sondern nur um diese eine: Die Wiedererlangung verloren gegangenen Vertrauens – in sich selbst, in andere Menschen, in die Welt. Das aber ist nur eine etwas umständlichere Beschreibung für das, was die einzige Quelle dieses Vertrauens für uns Menschen ist: die Liebe. Wir müssten die Liebe in unseren Käfig hineinlassen, um wirklich frei zu werden, um unsere Lust am Leben, unsere Freude am eigenen Entdecken und Gestalten wiederzufinden. Dann würde sich eine Tür zu einer Welt öffnen, die völlig anders aussieht und beschaffen ist als die, die wir bisher kennen. Dann würde unserer Menschwerdung nichts mehr im Wege stehen.

Liebe ist die universellste, erstaunlichste und mysteriöseste aller kosmischen Kräfte. Nach Jahrhunderten zögerlicher Anstrengungen haben die gesellschaftlichen Institutionen sie äußerlich eingedämmt und kanalisiert. Diese Situation ausnutzend haben Moralisten versucht, sie Regeln zu unterwerfen. …
In der Wissenschaft, Wirtschaft und Öffentlichkeit geben die Menschen vor, sie nicht zu kennen, obwohl sie überall unter der Oberfläche unserer Zivilisation lebendig ist. Wir kennen sie, aber wir bitten sie nur darum, uns zu amüsieren oder uns nicht zu schaden. Kann die Menschheit wirklich weiter leben ohne sich zu fragen, wie viel Wahrheit und Energie sie verliert, indem sie ihre unglaubliche Kraft der Liebe vernachlässigt? …

Pierre Teilhard de Chardin
(2015: 3ff.; übersetzt von Maik Hosang)

TEIL 2

MAIK HOSANG

Wie kann eine Revolution der Liebe gelingen?

Einführung

Teilhard de Chardin formuliert im vorhergehenden Zitat die Idee, dass Liebe nicht nur das Gefühl einer romantischen Beziehung ist, sondern auch die elementarste, stärkste und schönste Energie der Evolution. Denn es ist die paradoxe Kraft, welche gleichzeitig vereint und verbindet als auch befreit und individualisiert. Deshalb ermutigt sie uns dazu, immer neue Potenziale in, zwischen und um uns zu entdecken und zu entfalten.

Die Bedeutung der Liebe für die Menschwerdung des Affen hat Gerald Hüther im ersten Teil dieses Buchs beschrieben. Doch auch später gelangen viele erstaunliche kulturelle, soziale und wirtschaftliche Innovationen der Menschheitsgeschichte erst aus diesem Potenzial, aus der Energie oder Intuition der Liebe. Im Folgenden stelle ich zuerst einige solcher Innovationen dar. Wen mehr davon interessieren, dem empfehle ich unser Buch »Die Freiheit ist ein Kind der Liebe – Die Liebe ist ein Kind der Freiheit« (Hüther/Hosang 2014) sowie das Buch des russisch-amerikanischen Soziologen Pitirim Sorokin »The Ways and the Power of Love« (Sorokin 1994). Zudem gebe ich zu einzelnen Aspekten weitere Lektürehinweise, denen zu folgen Sie bei tieferem Interesse herzlich eingeladen sind.

Pitirim Sorokin, seinerzeit Leiter des Harvard-Instituts für Soziologie, analysierte die gesamte Menschheitsgeschichte nach ihren tieferliegenden Motiven und Linien.

Er konnte zeigen, dass trotz aller kriegerischen und unmenschlichen Ereignisse in der Geschichte ihre spannendsten positiven Momente und Entwicklungen von der »Power of Love« ermöglicht und getragen wurden. Und weil dies so war, wird es auch in Zukunft so sein. Die Hoffnung einer menschwürdigen, vielfältigen doch freien und friedlichen Weltgesellschaft beruht letztlich auf der Intuition der Liebe, die uns Menschen einst zu Menschen machte und deren Selbstbewusstwerdung ganz neue Potenziale in und zwischen uns freisetzen kann. Denn bisher entfalteten sich Innovationen und Kulturen der Liebe nur mehr oder weniger zufällig. Bisher gab es – bis auf kurze Phasen von Schulen der Liebe im alten Griechenland, mehr dazu siehe unten – keine bewusste kulturelle Ausbildung und Entfaltung dieser wichtigsten Energie des Menschen. Daher gab es auch noch keine Gesellschaft, welche beide Pole dieser Energie – freie Individualität und Kreativität einerseits und intensive Verbundenheit andererseits – gleichzeitig optimal entfaltete. Einige spannende Anzeichen dafür, wie dies künftig gelingen könnte, zeige ich im weiteren Verlauf dieses Buchteils auf.

1. Geschichtliche Innovationen der Liebe

Gartenbau oder die liebevolle Kommunikation mit der Natur

Unsere frühmenschlichen Vorfahren ernährten sich von Dingen, die ihnen die Natur weitgehend fertig anbot. Sie sammelten Beeren, Wurzeln, Pilze und jagten Tiere, die in ihrer Umgebung lebten. Erst vor gut 10 000 Jahren änderte sich das: die Menschen begannen, einige nahrhafte Pflanzen selbst anzubauen und nützliche Tiere zu zähmen.

Dieser Übergang vom Jagen und Sammeln zu Gartenbau und Tierhaltung wird oft damit erklärt, dass die alte Art der Nahrungsbeschaffung nicht mehr ausreichte, weil Umweltbedingungen sich veränderten und die Anzahl der Menschen wuchs. Das erklärt jedoch höchstens die Notwendigkeit, nicht jedoch das »Wie« dieser für die Menschheitsgeschichte sehr bedeutsamen Innovationen.

Die bloße Notwendigkeit genügt nicht, um etwas wirklich Neues und noch dazu Sinnvolles hervorzubringen. Damit eine in ihren Samenständen nahrhafte Graspflanze nicht mehr einfach aufgegessen, sondern auch gezielt ausgesät wird, braucht es zuerst einen anderen, einen ganzheitlicheren und liebevolleren Blick für diese Pflanze. Sie darf nicht mehr nur als Hunger stillendes Etwas gesehen, sondern muss in ihren Entstehungs- und Veränderungsbedingungen beobachtet und verstanden werden. Der Gartenbau entstand also nicht so sehr durch die Entdeckung einer neuen Grassorte, sondern vielmehr durch eine neue Haltung, mit der Menschen die Natur um sich herum wahrnahmen. Nicht nur Hunger, sondern vor allem auch liebevolle Neugier muss im Spiel gewesen sein, um diesen Schritt der Menschwerdung zu ermöglichen. Ebenso groß und entscheidend ist der emotionale Unterschied zwischen der Jagd wilder Schafe und der Zähmung und Zucht einer Schafherde. Auch hier bedarf es zuerst eines neuen, liebevollen Blickes und Verstehens, ehe aus den vormals nur Fell- und Fleischlieferanten langjährige Gefährten der Menschen wurden.

Für uns wichtig ist es, die Entstehung und die Durchsetzung dieser neuen Techniken zu unterscheiden. Dass sich Gartenbau und Tierhaltung sowie später Ackerbau und Viehzucht gegenüber Jagen und Sammeln durchsetzten, hat sicher vor allem damit zu tun, dass sie eine verlässlichere Versorgung wachsender Menschenmengen ermöglichten. Doch die ursprüngliche Entdeckung dieser für die Menschheit wichtigen Kulturtechniken ist daraus nicht erklärbar. Wenn dies so wäre, dann wären sie überall, wo Nahrungsnot war, erfunden und eingeführt worden. Nicht wenige Geschichtsforscher kommen jedoch zum Schluss, dass diese Erfindungen nur dort gelangen, wo günstige natürliche Voraussetzungen mit freundlichen soziokulturellen Bedingungen zusammentrafen. Das war um 10 000 vor unserer Zeitrechnung besonders in der Gegend des sogenannten fruchtbaren Halbmonds im Nahen Osten der Fall. Dort bot zum einen die Natur geeignete Gras- und Obstsorten sowie wilde Schafe und Ziegen. Zum anderen lebten die Menschen dort damals in Form sogenannter tribaler, matrilinearer Hortikulturen: Die Frauen bewirtschafteten das Land und organisierten das Sippenleben. Verwandtschaft und Erbschaft folgten der weiblichen Linie von der Mutter zur Tochter und nicht wie später der männlichen vom Vater auf die Söhne. Weil – wie im vorigen Kapitel gezeigt – die Fähigkeiten freier und liebevoller Wahrnehmung aus der Nachwuchsfürsorge der Mütter entstanden, waren und sind Frauen oft eher dazu fähig, andere Wesen mit eigeninteressefreiem Verbundenheitsgefühl wahrzunehmen. Das erklärt die geschichtlichen Hinweise darauf, dass Gartenbau und Tierhaltung, aber auch manche anderen frühen Kulturleistungen wie Töpferei, Schneiderei und Hausbau von Frauen erfunden wurden. Wen mehr dazu interessiert, der lese die spannenden Bücher der Anthropologin Sarah Blaffer Hrdy: »Mutter Natur: Die weibliche Seite der Evolution« und »Mütter und andere. Wie die Evolution uns zu sozialen Wesen gemacht hat« (Blaffer Hrdy 2010).

Wortsprache als Artikulation der Liebe

Menschliche Gesellschaften zeichnen sich dadurch aus, dass sie sich nicht vorwiegend durch hierarchische Rangfolgen strukturieren, sondern vielfältige freundliche Kommunikationen und Potenzialentfaltungen aller Individuen zulassen. Für die Organisation und Regulation von Hierarchien gab und gibt es im Tierreich angeborene Verhaltensmuster und wechselseitige Signalsysteme. Dominantere Organismen äußern sich gegenüber Rangniederen durch bestimmte Gesten, wie zum Beispiel offene oder subtile Drohgebärden, und durch latent aggressive Tonlagen. Rangniedere reagieren darauf mit entsprechenden Unterordnungssignalen. Für die neuen, auf frühen Formen von Freiheit und Liebe beruhenden Gemeinschaftsformen war damit jedoch nicht viel anzufangen. Dafür brauchte es neue Formen der Kommunikation, für die es im Tierreich kaum Vorbilder gab.

Der bedeutende Philosoph Jean-Jacques Rousseau (1712–1778), auf den wir noch zurückkommen werden, äußerte in seinem Essay zur Entstehung der menschlichen Sprache eine erstaunliche Intuition. Er vermutete, dass die uns Menschen auszeichnende Lautsprache letztlich vor allem durch unsere Fähigkeit zur Liebe – also zu freier Verbundenheit – entstand. Nur unser freier Blick auf und ein Gefühl der Verbundenheit mit anderen Wesen befähige uns dazu, diese anderen Wesen oder Dinge nicht einfach nur als Material zur Befriedigung unserer Bedürfnisse zu sehen, sondern in ihnen eigenständige Wesen zu erkennen und ihnen deshalb auch einen eigenen Namen zu geben.

Daraus, dass die Entstehung der menschlichen Wortsprache vermutlich sehr viel mit unseren Fähigkeiten zu Freiheit und Verbundenheit zu tun hat, lässt sich jedoch nicht schlussfolgern, dass Sprache immer nur in diesem Sinne genutzt wird. Mit der Sprache ist es wie mit vielen Erfindungen, beispielsweise auch der oben genannten Tierhaltung: Wenn sie einmal vorhanden sind, können sie ebenso im Sinne von Gewalt und Unfreiheit eingesetzt werden wie im Sinne von Verbundenheit und Freiheit.

Die besondere Qualität der menschlichen Laut- und Wortsprache entsteht durch ihr Zusammenspiel von drei Dimensionen:

a) eine bestimmte Lautfolge oder später Schriftzeichenfolge (so besteht beispielsweise das Wort »Apfel« aus den fünf Laut- oder Schriftzeichen A, P, F, E, L) bezeichnet …
b) … eine bestimmte Sache (zum Beispiel jene Frucht, die wir »Apfel« nennen und die von Natur aus ganz und gar nichts mit diesen Lautfolgen und Schriftzeichen zu tun hat).
   Aber das eigentlich Spannende an der menschlichen Sprache ist die dritte Dimension:
c) Die Laute und Buchstaben assoziieren in unserem Hirn nicht nur die Vorstellung eines Apfels, sondern aktivieren dort zugleich eine Vielfalt von Emotionen und Gefühlen, die wir in unserer Lebensgeschichte mit dieser Apfelfrucht verbanden. So erweckt das Wort »Apfel« in uns nicht nur den Geschmack von Saftigkeit und Süße, sondern auch mit ganz anderen Gefühlen verbundene Erinnerungen an Situationen, in denen Äpfel auftauchten. Man denke nur an den

Apfel vom »Baum der Erkenntnis« in der Legende von Adam und Eva.

Der Unterschied der menschlichen Wortsprache zu den Lautsignalen des Tierreichs besteht also nicht nur in der unendlichen Vielfalt erlernbarer und kommunizierbarer Worte und dadurch bezeichneter Sachverhalte. Ebenso wesentlich ist die erst durch diese vielfältigen Worte mögliche vielfältige Organisation unserer Emotionen und Gefühle und damit unseres gesamten Lebens.

Im Großhirn werden die erlernten Wortlaute mitsamt den dadurch bezeichneten Sachverhalten und den damit verbundenen emotionalen Bedeutungen gespeichert. So entstehen »Wissen« und »Erkenntnis«.

»Denken« ist die damit verwandte Fähigkeit, die Zusammenhänge zwischen Dingen oder anderen Menschen und der eigenen Gefühlswelt im eigenen Hirn durchspielen und dabei auch ganz neue Zusammenhänge entdecken oder erfinden zu können.

»Bewusstsein« im eigentlichen Sinn des Wortes entsteht dann, wenn Wissen und Denken selbst zum Gegenstand des Wissens und des Denkens werden.

Hier schließt sich der Kreis zum Beginn dieses Abschnitts: So wie die menschliche Wortsprache ursprünglich vermutlich aus unserer Fähigkeit zu freier Verbundenheit oder Liebe entstand, so ist auch unser Potenzial des Bewusstseins oder, anders gesagt, des bewussten Seins, an diese beiden Fähigkeiten gebunden. Ohne innerlich frei und verbunden zu sein, kann ich zwar alles Mögliche denken und konstruieren und dadurch auch manches erzwingen, aber es gelingt mir nicht, die Dinge, wie sie aus sich heraus und in ihrer Verbindung miteinander sind, wirklich wahrzunehmen. Ich kann mir anderer Dinge und Wesen oder auch meiner selbst nur dann im besten Sinne des Wortes »bewusst« sein, wenn ich einerseits ausreichend frei von meiner Wahrnehmung behindernden Emotionen der Angst oder Macht bin und wenn ich mich andererseits zugleich ausreichend verbunden mit diesen Dingen, Wesen oder mir selbst fühle.

Die Entdeckung der Weisheit der Liebe

Durch die Erfindung von Gartenbau, sprachlicher Kommunikation und anderen frühen Kulturtechniken wurden menschliche Gesellschaften möglich, die nicht mehr so stark wie frühe Stammesverbände von ihrer unmittelbaren Umwelt abhängig waren, sondern an dafür günstigen Orten dauerhafte und komplexe Siedlungen beziehungsweise frühe Städte errichteten. Diese neuen Gesellschaften der Jungsteinzeit waren matriarchal organisiert. (Wen mehr dazu interessiert, der lese die Bücher von Heide Göttner-Abendroth [2010]: »Das Matriarchat. Geschichte seiner Erforschung« oder Marija Gimbutas [1995]: »Die Sprache der Göttin. Das verschüttete Symbolsystem der westlichen Zivilisation« oder siehe: www.wissen.de/chronik-der-frauen-frauen-schufen-neolithische-revolution-ackerbau-und-matriarchat.)

Ab etwa 2000 vor unserer Zeitrechnung wurden die relativ friedlichen und freien Stadtkulturen durch patriarchale Eroberungen verändert. Es entstanden vorwiegend von patriarchalen Machtstrukturen dominierte große Zivilisationen, wie die Babylons, Ägyptens oder Chinas. Diese nutzten die kulturellen und wirtschaftlichen Innovationen der Vorzeit auf ganz neue Weise. Sie organisierten erstmals riesige Menschenmengen, das gelang jedoch nur mit Hilfe militärischer Mittel und mythischer Ideologien, welche sowohl die Freiheit als auch die Liebesintentionen ihrer Bewohner mehr oder weniger stark einschränkten. Deshalb scheiterten diese Zivilisationen nach mehr oder weniger langen Blütephasen auch immer wieder an inneren oder äußeren Entfremdungen, Selbstzerstörungen oder Kriegen.

Zwischen 600 und 400 vor unserer Zeitrechnung gelang dem Volk der Griechen eine für die gesamte weitere Menschheitsgeschichte folgenreiche Innovation der liebevollen Kulturlinie. Die politischen Reformen von Solon, Kleisthenes und Perikles wandten sich gegen zu starke Besitzunterschiede und Schuldsklaverei und schufen die Grundlagen für Demokratie und vom Einzelnen einklagbares Recht. In der Regierungszeit des Letzteren, Perikles, ereignete sich dann eine ganz besondere und besonders folgenreiche kulturelle Innovation: Philosophie kam auf als erste Form freien Denkens und Forschens. Die alten Griechen waren ein Handelsvolk, welches mit vielen anderen Kulturen in Berührung kam. Dies führte bei einigen ihrer mutigen Vertreter zu der Frage, warum jedes der anderen Völker seine eigenen Götter hatte und behauptete, dass nur ihre Götter die einzig wirklichen oder richtigen sind. Daraus entstanden Gespräche darüber, was denn nun der wirkliche Grund aller Dinge ist, welche Rolle der Mensch im Weltganzen spiele, was der Sinn des Menschseins sei und was der Mensch braucht, um wirklich glücklich zu sein. Diejenigen, welche diese Fragen besonders mutig und vorurteilsfrei stellten und diskutierten, wurden die ersten und heute wie damals dafür geschätzten Philosophen: Thales, Heraklit, Phytagoras, Sokrates, Anaxagoras, Platon, Epikur und andere. Sie gründeten die ersten Schulen, welche die Intention hatten, auch anderen Menschen zu einem freien Selbstbewusstsein zu verhelfen.

Zur selben Zeit erlangten Kunst, Kultur sowie Architektur eine erste große Blüte, entstanden die ersten Theater, Museen und Olympischen Spiele. Diese wurden sogar staatlich gefördert und ermöglichten so einer Vielzahl von Bürgern die Entfaltung von kreativen Potenzialen.

Die Hochphase von Philosophie als auch Kunst fiel in die Regierungszeit von Perikles. Manches spricht dafür, dass ihm dies nur deshalb gelang, weil er in seiner kreativsten und wirksamsten Regierungsphase von einer mutigen und vielfältig für das Grundrecht von Liebe wirkenden Gefährtin, Aspasia, begleitet und inspiriert wurde. Aspasia war eine sogenannte Hetäre, ein Beruf oder besser eine Lebensart, die uns Heutigen kaum bekannt ist. Es waren Frauen und teilweise auch Männer, die ihre Bestimmung darin sahen, anderen Menschen Erfahrungen von Schönheit und Liebe zu ermöglichen. Dafür gab es damals eigene Schulen.

Aspasia lernte in einer dieser Schulen und war so begabt, dass der persische König sich in sie verliebte und sie seine Gefährtin wurde. Ihre innere Stimme rief sie jedoch nach Athen zurück, wo sie mit dem ihr vom persischen König geschenkten Geld eine sehr einflussreiche eigene Schule der Liebe gründete. In Athen war inzwischen Perikles zum Regierungschef gewählt worden, und Aspasia und Perikles wurden ein im besten Sinne des Wortes Königspaar der Liebe. Ihre ko-kreativen Ideen, Inspirationen und Taten schufen für einige Jahre einen bis dahin so nie vorhandenen Kulturraum für menschliche Potenzialentfaltung.

Zwar setzten sich in Athen dann wieder die alten patriarchalen Machtinteressen durch und führten, verbunden mit entsprechenden Kriegen, zum Niedergang dieser frühen Hochblüte menschlicher Kultur und Gesellschaft. Deren soziale, ästhetische und geistige Innovationen der Liebe wurden jedoch unterschwellig weitergegeben, führten nach Jahrhunderten erst im Orient und dann in Europa und Amerika zu neuen menschlichen Entfaltungsräumen. Insbesondere ihre neu entstandene Sprach- und Betätigungsform Philosophie – was nicht zufällig »Liebe zur Weisheit« bedeutet und oft auch die »Weisheit der Liebe« integrierte – bewirkte in fast allen folgenden Jahrhunderten immer wieder neue Aufbrüche der menschlichen Weisheit der Liebe.

Eine der folgenreichsten nächsten großen Innovationen der Liebe ist in unserem westlichen Kulturkreis überall bekannt und bis heute höchst wirksam: das von der sogenannten Jesusbewegung ausgehende Christentum. Deren starker Ausgangspunkt in der Energie Liebe spielt im folgenden Buchteil von Anselm Grün eine zentrale Rolle und wird daher hier nicht weiter ausgeführt. Interessant für unser Thema ist jedoch, dass gerade in jüngster Zeit vermehrt Forschungen dazu entstehen, inwiefern die Liebe als Grund des Seins die zentrale Botschaft des ursprünglichen Christentums war und auf welche Weise dies auch in den historischen Formen dieser Religion immer wieder durch Kräfte von Dominanz und Aggression verdrängt wurde.

Ähnlich wie das Christentum waren auch die anderen großen Religionen der Menschheitsgeschichte trotz aller auch in ihnen immer wieder Einfluss gewinnenden Gegenkräfte letztlich kulturelle Selbstbewusstwerdungsformen der evolutionären Linie der Liebe. Ein deutliches Beispiel dafür gab es im Buddhismus. Asoka war um 270 vor unserer Zeitrechnung der Herrscher des indischen Reiches und verbrachte seine ersten zwölf Regierungsjahre wie die anderen Herrscher vor ihm: Er führte Kriege, um sein Reich zu sichern und zu erweitern. Durch Kontakt mit der liebevollen Weltsicht des Buddhismus gelang ihm jedoch eine völlige Wandlung seiner selbst, seiner Politik und seines Landes. Er wurde einer der geschichtlich einflussreichsten Innovatoren von Frieden und Liebe als gesellschaftliche Phänomene. Seit 260 vor unserer Zeitrechnung sorgte er kraft seines Amtes dafür, dass nicht mehr Gewalt, Gräueltaten, Dünkel und Neid, sondern Mitgefühl, Verzeihen, Freiheit, Einfachheit und Sanftmut die entscheidenden Emotionen seines Reiches wurden. Nur noch Menschen mit diesen Qualitäten durften Freunde und Angestellte seines Staates sein. Armen und leidenden Menschen wurde geholfen und jegliche Kriege wurden eingestellt. Eine besondere Verwaltungsschicht (Dharma-Mahamatras) war ausschließlich damit beschäftigt, das geistige Wohlbefinden der Bevölkerung und den Frieden in und um Indien herum zu sichern und zu stärken. Asoka befreite Recht und Rechtsprechung von Rache und Gewalt und machte sie zu Instrumenten von Gerechtigkeit und Versöhnung. Er sorgte für mentale und moralische Bildung und Erziehung und förderte die Künste. So lieferte Asoka ein außergewöhnliches Beispiel dafür, wie sich auch ein riesiger Staat wie das damalige Indien auf vernünftige, friedliche, liebesmotivierte, moralische und ästhetische Art und Weise verändern lässt. Die Veränderungen waren tiefgehender, größer und konstruktiver als es jemals irgendwo durch gewaltvolle Revolutionen gelang.

Doch es gab und gibt auch in späteren Epochen zahlreiche gesellschaftliche Innovationen, die mehr oder weniger liebesmotiviert zu ähnlich positiven Phasen oder teilweise auch dauerhaften Stärkungen und Ausprägungen der evolutionären Linie der Liebe in einzelnen Völkern oder der ganzen Menschheit führten. Sowohl die amerikanische als auch die französische Befreiungsbewegung des 17. und 18. Jahrhunderts führten trotz aller Rückschläge zur allgemeinen Anerkennung und rechtlich-demokratischen Etablierung der allgemeinen Menschenrechte in großen Teilen der Welt. Die Abschaffung von Sklaverei, die Durchsetzung und rechtliche Sicherung der Gleichberechtigung der Frau, die Einführung von allgemeinen Bildungsrechten und sozialen Sicherungssystemen in immer mehr Staaten der Erde und auch die noch immer eher schwachen Einrichtungen einer globalen Gerechtigkeit und Verantwortung – wie UNO und UNESCO – sind letztlich politische Ausprägungen der Liebe.

Dennoch sind diese politisch etablierten Energien der Liebe noch mehr oder weniger stark durchwachsen und begrenzt durch jene patriarchalen Interessen, die oben beschrieben wurden. In gewisser Weise lässt sich sogar sagen, dass die bisherige Menschheitsgeschichte ein Hin-und-Her oder Vor-und-Zurück von liebevollen und aggressionsorientierten Gesellschaftssystemen war und ist.

Umberto Maturana schrieb ein sehr lesenswertes und detailreiches Buch über den Ursprung der Menschlichkeit in der Biologie der Liebe, in welchem er sehr deutlich diese zwei Evolutionslinien der Menschheitsgeschichte unterscheidet: Die Linie der Liebe und die Linie der Dominanz (Maturana 2009). Da letztere in gewisser Weise eine Kulturtechniken nutzende Fortsetzung vormenschlicher aggressionsbasierter Sozialstrukturen ist, nannte er diese humorvoll auch »schimpansenartig«. Dabei bezieht er sich auf Forschungen des holländischen Anthropologen Frans de Waal. Dieser beobachtete im Rahmen einer sorgfältigen und langen Studie eine Schimpansengruppe von ungefähr fünfundzwanzig Kindern, Jugendlichen und Erwachsenen, Männern und Frauen in einem großen Gehege im holländischen Zoo von Arnheim. Dabei zeigte er, dass die Interaktionen zwischen erwachsenen Schimpansen sich meist in einer ständigen Dynamik von

Dominanz und Unterwerfung befinden. Auch Schimpansen in freier Wildbahn sind meist damit beschäftigt, einander für den ständigen Kampf um Dominanz und Unterwerfung zu instrumentalisieren. Die Beziehungen zwischen Schimpansenmüttern und -kindern waren zwar von Zuwendung geprägt und die Schimpansenkinder waren spielerisch zueinander, doch die Studie zeigt, dass eine ständige Dynamik im Wettbewerb von Beherrschung und Unterwerfung die Grundlage für die Stimmung einer Schimpansengruppe bildet, und dass diese auf alle Altersklassen übergreift, wenn Konflikte entstehen (de Waal 1998).

Daraus folgt auch die Erkenntnis, dass die heutigen ökologischen und sozialen Krisen letztlich durch noch immer »schimpansenartige« beziehungsweise patriarchale Praktiken verursacht werden. Daher gelingt trotz vielfältiger umwelttechnischer und sozialtechnischer Bemühungen bisher keine nennenswerte Transformation moderner Gesellschaften in Richtung einer nachhaltigen Wirtschaft und Kultur.

Bevor ich später einige Transformationsperspektiven der Liebe entwerfe, führe ich hier noch einige Erinnerungen an gesellschaftliche Aufbrüche des letzten Jahrhunderts auf, welche sich als erste Versuche von wirklichen Kulturen der Liebe begreifen lassen.

Der erste Aufbruch dieser Art regte sich bereits zu Beginn des 20. Jahrhunderts besonders in den Metropolen der westlichen Welt, die im Gefolge der wirtschaftlichen Globalisierung damals auch Ausgangspunkt einer ersten kulturellen Globalisierung wurden. Die zuvor durch patriarchale

Gesellschafts- und Kulturformen zum Teil jahrhundertelang eingefrorenen Formen von Kultur und Ethik brachen auf, verursacht teilweise durch interkulturelle Kontakte und teilweise durch neue wissenschaftliche Erkenntnisse über die Natur des Menschen. In letzter Hinsicht maßgeblich waren psychologische Einsichten in die emotionale Dynamik des menschlichen Lebens, wie sie insbesondere Sigmund Freud und dessen Schülern gelangen. Dazu kamen erste sozialanthropologische Forschungen über frühere und in entlegenen Winkeln der Erde noch immer vorhandene andere, zum Teil matriarchale Kulturformen menschlichen Lebens und Liebens. Dies brachte sowohl in Großstädten wie Paris, New York und Berlin als auch in pädagogischen und soziokulturellen Experimenten wie auf dem Monte Verità oder in Dresden-Hellerau zahlreiche neue und in vieler Hinsicht spielerisch freiere Formen von Kunst und Kultur, aber auch von Wirtschaft und Gesellschaft sowie teilweise auch von Liebe und Gemeinschaftlichkeit hervor.

Durch den Rückfall in die Barbarei, welche dominanz- und aggressionsgetriebene Gegenkräfte der alten patriarchalen Kulturen in Form zweier Weltkriege vom Zaun brachen, ging ein Großteil dieser neuen spielerischen Freiheit und Kreativität der Liebe für lange Zeit wieder verloren. Es brauchte ein halbes Jahrhundert, bis sie sich in Form der sogenannten 68er-Kulturrevolution wieder deutlicher Geltung verschaffen konnten. Auch wenn – wie es bei vielen Aufbrüchen gegen patriarchal verkrustete Strukturen der Fall ist – dabei manches Kind erst einmal mit dem Bade ausgeschüttet wurde und zum Teil nicht mehr liebevolle, sondern radikal übertriebene Beliebigkeiten der Liebe (»Kommune 1« und anderes) gewagt wurden, so hinterließ diese Aufbruchsbewegung vor allem bei jungen Menschen doch kulturelle Spuren, die seitdem in vielen westlichen Gesellschaften immer mehr zu Geltung kommen. Die endlich vollständige Gleichberechtigung der Frau, ihr freies Entscheidungsrecht über ihr Muttersein (»Abtreibungsrecht«), aber auch der Beginn des ökologischen Denkens und vermutlich sogar die erst 1989 gelungene Auflösung der bis dahin durch dominanz- und aggressionsinteressierte Kräfte aufrechterhaltenen Mauern zwischen Ost und West gehen letztlich auf diesen Aufbruch zurück.

2. Bewusste Liebe und Ko-Kreativität als Potenzial der Zukunft

Zum ersten Mal in der Geschichte hängt das physische Überleben der Menschheit von einer radikalen seelischen Veränderung des Menschen ab. … Wenn wir lernen wollen zu lieben, müssen wir genauso vorgehen, wie wenn wir irgendeine andere Kunst, zum Beispiel Musik, Malerei, das Tischlerhandwerk oder die Kunst der Medizin oder die Technik lernen wollten.

Erich Fromm (1979:24 und 1993:16)

Vor dem Hintergrund der bisherigen Ausführungen wird verständlich, dass der Gedanke Erich Fromms keine bloße Fiktion, sondern nüchterne Tatsache ist. Es gibt eine »evolutionäre Linie der Liebe«, in der durch die Ausweitung und Stabilisierung von Fürsorge, Vertrauen, Zärtlichkeit, Sprachlichkeit, Intelligenz und Ko-Kreativität vor circa 4 Millionen Jahren der Mensch begann, Mensch zu werden.

Diese Potenziale der Liebe sind jedoch nur eine Dimension unserer Emotionalität. Unter ungünstigen Lebensumständen oder durch entsprechende Herrschafts- und Erziehungsstrukturen können Menschen auch zu lieblosen Aggressoren und zu Unterdrückern der Linie der Liebe werden oder sich dazu entwickeln. Und wenn die Kultur und Gesellschaft, in der Menschen aufwachsen, weder primär liebevoll noch primär lieblos, sondern eine geschichtlich gewordene Gemengelage beider Linien ist, dann sind auch die darin lebenden Menschen meist je individuelle Mixturen beider Linien. Das trifft auf die meisten unserer heutigen modernen Gesellschaften zu.

Durch die positiven Einflüsse des Christentums, Buddhismus, Judentums oder anderer religiöser Impulse – die in ihrem Kern immer Bewusstseinsbewegungen der Liebe waren, siehe oben –, durch die Einflüsse humanistischer Philosophie, Wissenschaft und Bildung und durch die alltägliche Liebesarbeit von Müttern, Vätern, Verwandten und Freunden sind unsere modernen Gesellschaften von vielen Momenten der Liebe durchzogen.

Gleichzeitig jedoch werden diese blockiert, gestört und überkompensiert durch diverse Momente patriarchaler Interessenpolitik, die nicht nur die heutige Politik und Wirtschaft, sondern auch Erziehung, Wissenschaft und Kultur vielfältig beeinflussen. Selbst in jenen modernen Kulturformen, die auf den ersten Blick vor allem die Linien der Liebe stärken, wie Sexual-, Ethik- oder Religionsunterricht an Schulen, zeigt sich bei näherem Blick die Verflechtung beider Emotionalstrukturen. Kaum eine dieser Bildungsformen führt die Schüler zu wirklichem Selbstbewusstsein der Liebe, sondern sie aktivieren lediglich Momente davon, die jedoch kaum bewusst reflektiert und entfaltet werden.

Damit soll nicht gesagt sein, dass Schulen der Zukunft nur die reine Emotionalität der Liebe vermitteln werden. Da die Biologie des Menschen (siehe mehr dazu unten) auch die anderen »schimpansenartigeren« emotionalen Linien enthält, sollten auch diese bewusst gemacht und ihre emotionalen und kulturgeschichtlichen Realisationsformen kennengelernt werden. Nur durch deren Verstehen und Übung entsteht die Fähigkeit eines konstruktiven Umgangs damit. Für eine freie Potenzialentfaltung und Ko-Kreativität möglichst vieler Menschen wird es jedoch mitentscheidend sein, inwieweit sie individuell und miteinander in der Lage sind, die Energien beziehungsweise Emotionen, die Linien der Liebe in und um sich zu erkennen, zu verstehen und trotz aller historisch bedingten Widerstände und Gegentendenzen in anderen Menschen und in etablierten Strukturen zu entfalten.

Solange die modernen Bildungssysteme, die vor etwa 200 Jahren im Zuge des Aufschwungs der Industriegesellschaften entstanden und noch immer vor allem für diesen Prozess nötige Kenntnisse vermitteln, die Notwendigkeit, die Linien der Liebe zu entfalten, jedoch nicht realisieren, entsteht mehr und mehr folgende paradoxe Situation: Die in unseren Gesellschaften aufwachsenden jungen Menschen sind dank des Internets zunehmend in der Lage, sich unabhängig von ihren Eltern oder Lehrern eigene Bildungs- und Entwicklungswege zu erschließen. In der weltweiten Kultur finden sie viele Lieder, Bücher, Filme etc., welche aus der Linie der Liebe erwachsen sind und in ihnen diese Emotionalität aktivieren und stärken. Sobald sie sich jedoch in die etablierten Formen von Wirtschaft, Politik, Bildung und Wissenschaft begeben, was für die meisten schon aus Erwerbszwecken unvermeidlich ist, müssen sie diese Emotionalität der Liebe in sich unterdrücken. Das führt oft dazu, dass sie später im Erwachsenenleben versuchen, im persönlichen Umfeld oder auch im Rahmen ehrenamtlichen Engagements die Energien der Liebe zu leben und zu fördern. Gleichzeitig passen sie sich den dominierenden Formen von Wirtschaft und Politik so an, dass sie mehr oder weniger unbewusst an der wirtschaftlichen und politischen Verdrängung der Liebe in sich und in anderen Menschen sowie an der Zerstörung der ökologischen Lebensgrundlagen teilnehmen.

Einige Tendenzen und Innovationen der Gegenwart, die stärker als andere aus der Linie der Liebe erwachsen, werden wir anschließend betrachten. Zu deren besserem Verständnis stelle ich hier einen theoretischen Einschub zur emotionalen Matrix von Mensch, Gesellschaft und Kultur voran. Diese Matrix ist das Ergebnis eines interdisziplinären Forschungsprojektes von Natur- und Humanwissenschaftlern und ermöglicht ein relativ ganzheitliches beziehungsweise integratives Verständnis von Mensch und Gesellschaft. Die Theorie der emotionalen Matrix wird hier nur kurz zusammengefasst, wen mehr dazu interessiert, dem sei das gleichnamige Buch »Die emotionale Matrix« (Hosang et al. 2005) empfohlen.

Die emotionale Matrix von Mensch und Gesellschaft

Emotionen spielen eine zentrale Rolle nicht nur für das individuelle Fühlen, sondern auch für das Verhalten von Menschen in Gesellschaften. Wir Menschen haben keine genetisch festgelegten Instinkte, denn im Unterschied zum Tierreich sind wir instinktoffene Lebewesen. Aber unser Verhalten ist dennoch im Normalfall nicht durch äußerlichen Zwang gesellschaftlicher Strukturen und Institutionen, sondern durch innere Motivationsgefüge bestimmt. Und genau dies sind Emotionen. Wir Menschen handeln aufgrund unserer in einer bestimmten Gesellschaft und Kultur geformten Emotionen, unserer Ängste, Liebes-, Wissens- und Sinngefühle. Sie verdichten sich zu jeweiligen konkreten Motivationen und lassen uns aus Gewohnheit oder aus Begeisterung handeln oder auch unser Handeln verweigern.

Auch wenn vielleicht jedem einigermaßen selbstbewussten Individuum diese starke Bedeutung von Emotionen für menschliches Leben und Handeln intuitiv gewiss ist, so ist sie deshalb noch lange nicht gesellschaftssystemisch erkannt und anerkannt. Im Gegenteil, da Fühlen im Gegensatz zum Denken oft eher mit Weiblichkeit assoziiert wird, wird es in vorwiegend patriarchal geprägten Kulturen vernachlässigt.

Eines der einflussreichsten Werke der menschlichen Erkenntnisgeschichte, die »Ethik« des Baruch Spinoza, hatte bereits im 17. Jahrhundert die zentrale Bedeutung von Emotionen und Gefühlen für gesellschaftliche Strukturen aufgedeckt und auch eine erste moderne Systematik dafür entwickelt. Nachfolgende Philosophen und Wissenschaftler beriefen sich zwar in vieler Hinsicht auf Spinoza, verdrängten dabei jedoch den Inhalt, also die Erkenntnis der Gefühle, zugunsten der Form, das heißt einer möglichst rationalen Systematik von Natur, Gesellschaft und Kultur.

Eine gewisse theoretische Neubesinnung auf Emotionen und Gefühle vollführten die Begründer der modernen Wissenschaft von der Gesellschaft. Die Erkenntnis, dass geteilte moralische beziehungsweise gesellschaftliche Gefühle die wesentlichen Integrationskräfte menschlichen Handelns in gesellschaftlichen Zusammenhängen sind, findet sich bei fast allen maßgeblichen Vordenkern der Soziologie, so bei

Emile Durkheim, Georg Simmel, Sigmund Freud und Max Weber.

Emile Durkheim, dessen Theorieimpulse auch in vielen heutigen Sozialtheorien noch eine Rolle spielen, identifizierte bereits einige für gesellschaftliche Entwicklungen zentrale Gefühle. Der bei ihm für die Entwicklung von gesellschaftlicher Arbeitsteilung zentrale Begriff von Solidarität setzt Gefühlskräfte, ja eine Art Liebe aller beteiligten Menschen voraus: Solidarität heißt, dass sich die Menschen lieben und »aneinander und an ein und derselben Gesellschaft hängen, an der sie teilhaben« (Durkheim 1999:173). Seine erstaunliche These ist, dass sogar die Arbeitsteilung nur eine »wahre« Funktion hat, nämlich ein Solidaritätsgefühl zu erzeugen: »Ihre wahre Funktion besteht darin, zwischen zwei oder mehreren Personen ein Gefühl der Solidarität herzustellen …« (Durkheim 1999:102).

Gesellschaftliches beziehungsweise kollektives Bewusstsein als zentrale identitätsbildende Kraft aller größeren oder kleineren sozialen Einheiten ist für Durkheim letztlich ein emotional-moralisches Phänomen: »Die Gesamtheit der gemeinsamen religiösen Überzeugungen und Gefühle im Durchschnitt der Mitglieder einer bestimmten Gesellschaft bildet ein umgrenztes System, das sein eigenes Leben hat; man könnte sie das gemeinsame oder Kollektivbewusstsein nennen.« (Durkheim 1999:128).

Für unser Thema noch weitergehend interessante Einsichten lieferte Max Weber. Er erforschte, warum der moderne Kapitalismus sich anfangs nur in Europa durchsetzen konnte, obwohl die technischen Fähigkeiten und Voraussetzungen auch in anderen Ländern und früheren Zeiten gegeben waren (Weber 1996). Er kommt zu der Schlussfolgerung, dass sich dieser Siegeszug des modernen Kapitalismus einem besonderen a-emotionalen Geist, dem Geist der insbesondere von Calvin eingeführten protestantischen Ethik, verdankt. Erstmals in der Geschichte der Menschheit gelang es, das gesamte menschliche Leben, Denken und Tun der Arbeit, also einem rationalen, von den unmittelbaren, momentanen Lebensgefühlen abgespaltenen Zweck, unterzuordnen. Das Spannende daran ist, dass diese Arbeitsethik dadurch wirkt, dass momentane Emotionen und Gefühle kontrollier- und verdrängbar gemacht werden, aber auch diese emotionale Kontrolle erst durch die Kraft besonders sublimierter Gefühle gelingt, nämlich der mit den Emotionen der Angst gepaarten Gefühle des Glaubens beziehungsweise Lebenssinns.

Jürgen Gerhards führt dazu aus: »Die Selbstkontrolle der inneren Affekte und Bedürfnisse ist das notwendige Komplement zu einer rationalen Weltkonstruktion nach außen … Der asketische Protestantismus bedeutet in dieser Form eine Neukodierung von Emotionen: Affektive Sinnorientierungen werden als triebhaft-sündhaft interpretiert und müssen zugunsten einer zweckrationalen Weltschaffung unterdrückt und sublimiert werden. Ein so konstruiertes Weltbild lässt sich als Überwindungsformel einer durch die Prädestinationslehre aufgebauten Angst vor der Ungewissheit der eigenen Bestimmung interpretieren. Erst durch eine solche Kodierung der Emotionen wird der Weg zur Ausbildung der Moderne geebnet.« (Gerhards 1988:31)

Leider stellt diese Art an Durkheim und Weber anschließender soziologischer Forschung bisher die Ausnahme dar. Warum dies so ist, erklärt sich aus der ursprünglichen Theorie: Die calvinistische Arbeitsethik startete ihren Siegeszug um die Welt durch eine Unterdrückung und Sublimierung der Emotionen. Die moderne Wissenschaft entstand genau in dieser Zeit und verharrt daher noch immer in der Unterdrückung beziehungsweise Sublimierung ihrer eigentlichen Tiefenkräfte. Obwohl die Fakten, dass die moderne Arbeits- und Industriekultur ihre eigenen Ressourcengrundlagen und damit sich selbst zu zerstören droht, kaum noch deutlicher werden können, gelingt es der Sozialwissenschaft bisher kaum, die zu einer nachhaltigen Innovation vermutlich notwendige Neukodierung der verdrängt-kodierten Gefühls- und Liebesenergien anzuregen.

Doch in anderen interdisziplinär aufgestellten Wissenschaftsbereichen wird die Bedeutung von Emotionen oder Gefühlen für menschliche Strukturen aller Art zunehmend wiederentdeckt – so in den »Social Neuroscience« und »Affective Neuroscience«. Dabei kommt es für die herrschende Soziologie zu so ungewöhnlichen Erkenntnissen, wie sie der folgende Satz von Humberto Maturana ausdrückt:

»In der Geschichte des Ursprungs der Menschheit gehen Emotionen der Sprache voraus … Kultur begann, als Sprache, als die Form des Zusammenlebens in konsensuellen Koordinationen von Koordinationen von Handlungen und

Emotionen Teil der Lebensweise wurde … Es sind unsere Emotionen, die die Handlungsbereiche konstituieren, die wir in unseren verschiedenen Konversationen leben, in denen dann Naturschätze, Notwendigkeiten und Möglichkeiten in Erscheinung treten.« (Maturana 1994:21ff.).

Emotionen und Gefühle gibt es viele und sie sind in den verschiedenen Kulturen und Gesellschaften sehr vielfältig ausgeprägt. Welche emotionalen Grundstrukturen sind universell, das heißt quer durch alle Kulturen wirksam und stabilisieren damit maßgeblich gesellschaftliche Systeme? Welche sind diese grundlegenden oder primären Emotionen?

Die universellen emotionalen Grundstrukturen des Menschen lassen sich zum einen durch interkulturelle Vergleiche, zum anderen durch Nachvollzug ihrer sukzessiven, aufeinandergeschichteten evolutionären Herausbildung erkennen. Dabei sind zwei Qualitäten von primären Emotionen und Gefühlen zu unterscheiden: Zum einen die, die sich bereits vor dem Menschen als zentrale Koordinatoren tierischen Verhaltens bildeten und so im menschlichen Verhalten weiterwirken. Zum anderen solche, die sich erst im unmittelbaren Übergang von Tiersozietäten zu menschlichen Gesellschaften herauskristallisierten.

Um einen möglichst einfachen Überblick über die menschliche Emotionalität zu bekommen, vergleiche und verbinde ich im Folgenden zwei der heute am weitesten verbreiteten

Denkansätze dazu: Der erste ist die von Abraham Maslow, einem einflussreichen Vertreter der sogenannten Humanistischen Psychologie, entwickelte Bedürfnispyramide (Bedürfnispyramide nach Maslow 1981). Sein Begriff von Bedürfnissen deckt sich weitgehend mit dem von Emotionen.

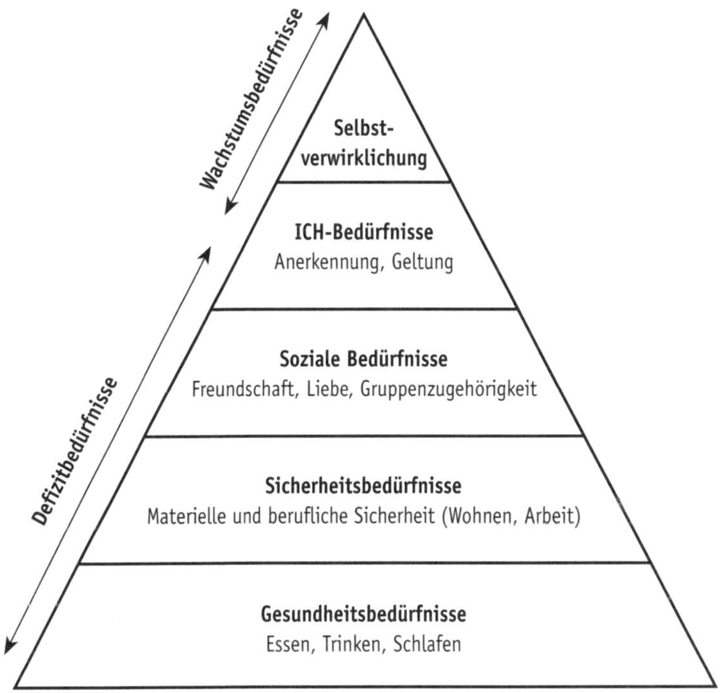

Der zweite Ansatz zur menschlichen Emotionalität, der hier näher herangezogen wird, entstammt der in Jahrtausenden gereiften östlichen Philosophie, welche aus der bunten Vielfalt historischer Gesellschaftsformen ebenfalls allen Menschen gemeinsame und aufeinander geschichtete emotionale Komplexe herausfilterte, die sie Chakras nannte. Moderne Forschungen dazu stellten fest, dass diese Chakras genau dort verortet wurden, wo sich jeweils für die menschliche Emotionalität wichtige Drüsen befinden. Diese moderne physiologische Untersetzung des traditionellen Wissens von den Chakras spricht dafür, dass sie keine nur mystischen Projektionen, sondern tatsächliche Selbstorganisationszentren menschlicher Existenz sind.

Stellt man die Maslowsche Bedürfnispyramide und die Chakra-Theorie über den Menschen nebeneinander und versucht, die gemeinsame Bedeutung der auf den ersten Blick sehr verschiedenen Begriffe zu verstehen, so zeigt sich eine erstaunliche Übereinstimmung der jeweiligen Ebenen. Siehe dazu die Grafiken auf den Folgeseiten (diese wie auch die folgenden Übersichten aus Hosang et al. 2005).

Obwohl sie aufgrund ihrer sehr verschiedenen historisch-kulturellen Umfelder ganz verschiedene Begriffe nutzen, unterscheiden und beschreiben beide Theorien offensichtlich weitgehend identisch dieselben Emotionalschichten menschlicher Existenz. Im Werk Maslows gibt es jedoch keinerlei Hinweise darauf, dass seine Bedürfnispyramide von jenem alten Wissen inspiriert wurde. Diese Übereinstimmung der modernen Theorie von Maslow mit dem alten östlichen Wissen der Chakras ist nicht nur erstaunlich, sondern spricht auch für den Wahrheitsgehalt dieser Theorien. Da beide Begriffsformen, die von Maslow und die der Chakras, aus sehr verschiedenen Kulturen stammen und daher

Grundbedürfnisschichten bei A. Maslow und elementare Gefühle in verschiedenen Therorien	**Zentrale Chakras östlicher Lehren und Hauptdrüsen des menschlichen Organismus**
Wachstumsbedürfnis: Ausschöpfung eigenen Potenzials, Transzendenzgefühl, Moral- und Sinngefühle bzw. Sinnleere u. a.	Sahasrana Kronen-Chakra/ Scheitelzentrum – Zwirbeldrüse
Wachstumsbedürfnis: Weltverständnis, Neugier und Erkenntnis-Gefühle	Ajna Stirn Chakra/Inneres Auge – Hirnanhangdrüse
Soziale Bedürfnisse: Kommunikation, Gefühle des Verstehens, Verstandenseins bzw. Nichtverstandenseins	Vissudha Kehl Chakra/ Kommunikationszentrum – Schilddrüse
Soziale Bedürfnisse: Zuneigung, Kontakt, Geborgenheit, Mitgefühl, Liebe u. a.	Anahata Herz-Chakra/Herzzentrum – Thymusdrüse
Bedürfnisse nach Achtung: Emotionen von Macht, Anerkennung, Prestige, Status, Depression, Unsicherheit, sozialer Furcht etc.	Manipura Solarplaxus-Chakra/Nabelzentrum – Bauchspeicheldrüse
Physiologische Bedürfnisse: Emotionen von sexueller Lust/ Unlust; elementare Mutter- und Gruppeninstinkte u. a.	Svadhisthana Sakal-Chakra/Kreuzzentrum – Keimdrüsen
Physiologische Bedüfnisse: Emotionen des Hungerns, Dursts, Wärme/Kältgefühle, elementare Schutz- bzw. Angstgefühle u. a.	Muladara Wurzel- oder Basis-Chakra/ – Nebennierendrüse

sehr verschiedene Worte für dieselben Dinge verwenden, werden sie im Folgenden zu einer einfacheren Übersicht der grundlegenden oder existenziellen Emotionalität des Menschen verdichtet:

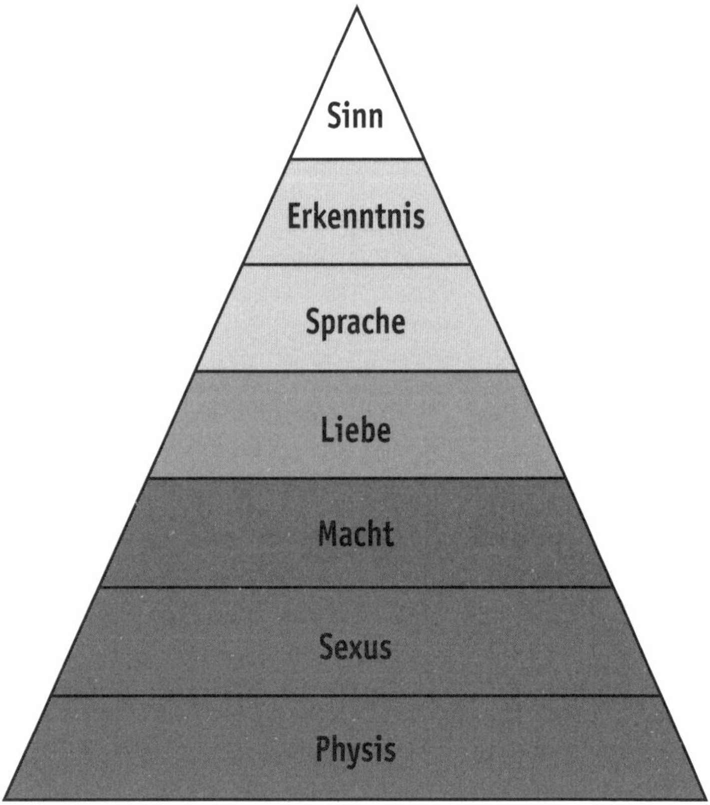

Die unteren drei Emotionalschichten von Physis, Sexus und Macht sind jene, die bereits vor der Menschwerdung im Tierreich vorhanden waren. Diese bestehen jedoch auch in menschlichen Strukturen weiter und bewirken dann, wenn sie kulturell dominant werden, das, was wir oben mit Maturana etwas humorvoll, doch durchaus mit realem Sinn als »Schimpansenpolitik« bezeichneten.

Die Liebe ist farblich von den unteren Schichten abgehoben, weil sie den Beginn der spezifisch menschlichen Emotionalität darstellt. Diese Evolution wurde im ersten Buchteil von Gerald Hüther ausführlich erläutert. Davon ausgehend lässt sich zeigen, dass alle weiteren spezifisch menschlichen Gefühle und Potenziale – ob Einfühlungsvermögen und Mitgefühl, Sprachlichkeit und Erkenntnisfreude, Sinnsehnsucht und weitere – in gewisser Weise kulturanthropologische Erweiterungen von Liebe sind (ausführlicher dazu in »Die emotionale Matrix«).

Für ein besseres Verständnis der Theorie ist zu betonen, dass all diese Emotionalschichten jeweils nicht abstrakt für sich existieren, sondern nur in verschiedenster komplexer Verbindung und Wechselwirkung mit den anderen.

Dennoch ist es hilfreich, die einzelnen Emotionalebenen auch in ihrer jeweiligen Spezifik erkennen und verstehen zu können, um einen präziseren Blick auf emotionales Handeln/Verhalten und deren gesellschaftliche Korrelationen zu erhalten. Aus jeder einzelnen Schicht lassen sich besondere gesellschaftliche Subsysteme ableiten, das heißt gesellschaftliche Formen, Strukturen und Institutionen, in denen die verschiedenen Kulturen die grundlegende Emotionalität des Menschen organisieren. Im Folgenden dazu ein wiederum vereinfachtes Übersichtsbild:

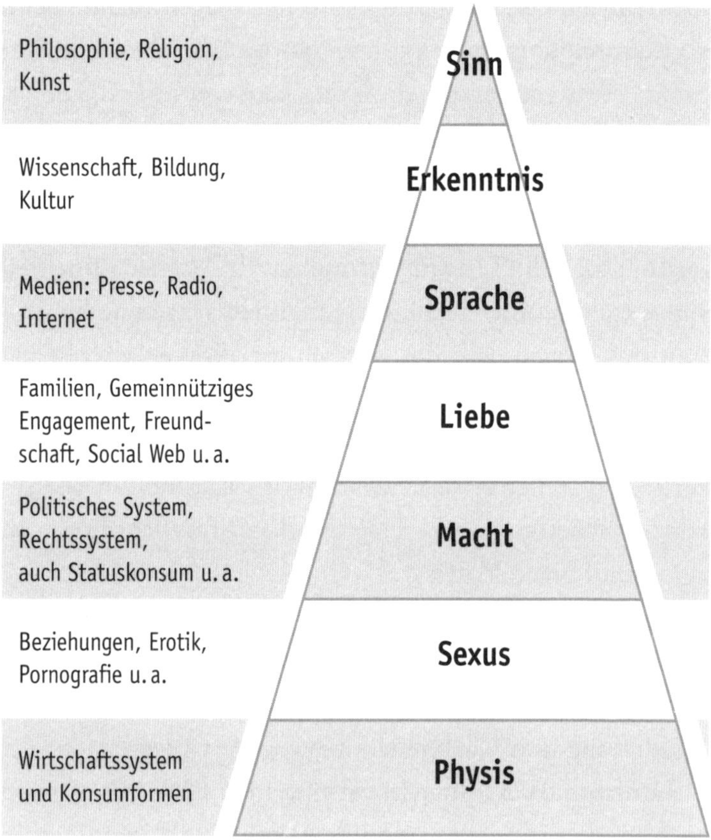

Der hier nur kurz skizzierte Denkansatz der emotionalen Matrix von Mensch und Gesellschaft hat im Vergleich zu den meisten anderen anthropologischen und soziologischen Theorien den Vorteil, dass er sowohl naturalistische als auch soziologistische beziehungsweise kulturalistische Vereinseitigungen vermeidet. Die konkreten gesellschaftlichen Strukturen und Entwicklungen lassen sich nicht aus den biologisch-emotionalen Grundlagen menschlicher Existenz ableiten, sondern sie vollziehen sich aufgrund jeweils besonderer historischer, kultureller und ökologischer Bedingungen, Widersprüche, Wechselwirkungen und Intentionen. Doch die biologisch-emotionalen Grundlagen des menschlichen Verhaltens wirken dabei mit; sie bilden den weit offenen Rahmen, in dem sich menschliches Verhalten überhaupt ereignen und entwickeln kann, und sie geben den jeweiligen Situationen und Entwicklungen ihren emotionalen Treibstoff. Die emotionalen Dimensionen repräsentieren sowohl den einstigen evolutionären Übergang von der Natur zur Kultur als auch die dauerhaften unmittelbaren Vermittlungskomplexe von Natur und Kultur.

Interessant an dieser biokulturellen Emotionstheorie gesellschaftlicher Organisation ist auch, dass sie ein wahrscheinlich relativ vollständiges Bild der verschiedenen Bereiche aller menschlichen Gesellschaften liefert. Auch wenn die jeweilige Art und Weise, in der Gesellschaften sich wirtschaftlich, sexuell, politisch, liebes- und sinnbezogen sowie medial und kulturell organisieren, historisch sehr verschieden sind, so lässt sich doch keine Gesellschaft finden, in der einer dieser emotionalen Grundbereiche menschlicher Existenz fehlt. Ob Jäger- und Sammlersippen, frühe Hochkulturen, mittelalterliche Städte oder moderne Gesellschaften: Keine existiert ohne diese oder jene Formen von Physis, Sexus, Macht, Liebe, Sprache, Erkenntnis und Sinn.

Die moderne Gesellschaft und Kultur hat bisher nur einen Teil der menschlichen Matrix – die in der Übersicht schwarz gesetzten Dimensionen – bewusst und stark entwickelt. Diese Bereiche werden auch mit starkem Einsatz von Personal und Material ausgiebig erforscht und offiziell in Schulen und Universitäten gelehrt. Die in grauer Schrift benannten Dimensionen, ohne welche die moderne Gesellschaft ebenso wenig existenzfähig wäre, hat sie jedoch weiterhin den persönlichen und historischen Zufälligkeiten und Unbewusstheiten überlassen. Dies ist vermutlich kein Zufall, denn die drei Dimensionen Sexus, Liebe und Sinn sind jene, welche am unmittelbarsten mit der evolutionären Linie der Liebe zu tun haben. Und diese Linie der Liebe, in der sich einst die Menschwerdung entscheidend ereignete, bildete in den letzten etwa 10 000 Jahren vor allem den unbewussten und doch existenziellen menschlichen Hintergrund für die vorwiegend durch die andere Linie unserer Emotionalität (die von Konkurrenz, Dominanz und Unterwerfung geprägte Linie; siehe oben) organisierten Gesellschaften.

Aber auch in diesen circa 10 000 Jahren vorwiegend von »Schimpansenpolitik« dominierter Menschheitsgeschichte waren alle guten und schönen Innovationen in Gesellschaft und Kultur von Modi der selbstbewusst werdenden Intentionen der Linie der Liebe inspiriert. Einige Beispiele dafür wurden im vorigen Kapitel dargestellt. Davon, und von den eben skizzierten theoretischen Überlegungen gesellschaftlicher Organisation ausgehend, stelle ich nun im Folgenden einige Entwürfe dazu vor, wie eine künftige Gesellschaft sich nicht mehr nur teilweise und zufällig, sondern in allen ihren Dimensionen grundlegend durch die Linie der Liebe organisieren und entfalten könnte.

Entwicklungsperspektiven für Kulturen der Liebe

Gesellschaften sind hochkomplexe Systeme aus wirtschaftlichen, politischen, kulturellen, persönlichen und anderen Beziehungen zwischen Menschen, Gruppen, Verbänden, Institutionen, Umwelt, Technik und vielem anderen mehr. Daher ist es nicht einfach, sie zu verstehen, und noch weniger leicht, gewünschte Veränderungen in bestimmter Hinsicht zu bewirken. Die im vorigen Abschnitt skizzierte emotionale Matrix von Mensch und Gesellschaft ermöglicht es jedoch, die existenziellen Ebenen oder Bereiche, die in allen Gesellschaften zu finden sind, zu unterscheiden. So wird es auch möglich zu untersuchen, ob und wo dort jeweils Anfänge oder Möglichkeiten auf der Linie der Liebe zu sehen und wie diese stärker als bisher zu unterstützen sind.

Physis

Das sind Bedürfnisse und Emotionen, welche die physischen Lebensgrundlagen des menschlichen Organismus und des dazu nötigen Umfeldes organisieren. Gesellschaftlich werden diese insbesondere durch die verschiedenen Bereiche der Wirtschaft realisiert. In den langen frühen Phasen menschlicher Gesellschaften waren dies lokale Formen des Sammelns und Jagens, die später zu Gartenbau und Tierhaltung erweitert wurden. Vor circa 10 000 Jahren entstand daraus in einigen Gesellschaften Ackerbau und Viehzucht, womit eine neue, in vieler Hinsicht andere Struktur wirtschaftlicher Organisation begann. Die Versorgung mit Nahrungsmitteln wurde mehr und mehr durch eine besondere Berufsgruppe realisiert, deren Spezialwissen immer effizientere Erträge ermöglichte. Dadurch konnten sich immer mehr Bevölkerungsgruppen von der unmittelbaren Nahrungsmittelproduktion freisetzen und begannen, sich auf andere wirtschaftliche, politische oder kulturelle Tätigkeiten zu konzentrieren. Gleichzeitig ereignete sich eine Verdrängung der evolutionären »Linie der Liebe« durch die Linie von Dominanz und Unterdrückung (mehr dazu siehe oben).

Letztlich führte diese Entwicklung zur heutigen Form von moderner Wirtschaft. Einerseits ist sie hocheffektiv und gewährleistet mit immer weniger Arbeitsaufwand sowohl mehr denn je Nahrungsmittel als auch die Vielzahl anderer materiell-technischer Produkte für verschiedenste Lebensbereiche. Andererseits führt ihre inhärente Form von Dominanz, Unterdrückung und Aggression dazu, dass große Teile der heutigen Menschheit trotz wirtschaftlicher Überproduktion an materiellem Mangel leiden und dass trotz besseren Wissens die ökologischen Grundlagen von Mensch und Gesellschaft fortschreitend zerstört werden.

Aufgrund dieser Probleme moderner Wirtschaft gab es seit deren Beginn verschiedene Kritiken und Gegenentwürfe, die sich jedoch, wie zuletzt in großem Stil der sogenannte Realsozialismus, bisher meist als rückwärtsgewandte und daher erfolglose Gegenentwürfe erwiesen. Seit einigen Jahren entwickelt sich jedoch sowohl theoretisch als auch zunehmend praktisch ein neuer wirtschaftlicher Strukturentwurf, welcher die positiven Qualitäten moderner Wirtschaft nicht negiert, sondern nur deren destruktive Züge aufhebt, indem er sie durch letztlich liebesorientierte Regeln, Werte, Bilanz- und Funktionsformen ergänzt. Dieser ermutigende und in der Kürze seiner Existenz bereits erstaunlich erfolgreiche Neuentwurf, zu dem sich schon tausende Unternehmer weltweit bekennen, nennt sich Gemeinwohlökonomie. Mehr dazu auszuführen ist hier nicht der Raum, mehr darüber erfahren Sie unter: https://www.ecogood.org.

Eine ähnlich deutlich die Linie der Liebe vertretende sozialökonomische Innovation ist die in letzter Zeit zunehmend an Bedeutung gewinnende Idee eines bedingungslosen Grundeinkommens. Bisherige gesellschaftliche Experimente in dieser Richtung, die in Kanada oder auch in selbstorganisierten Sozialräumen Deutschlands stattfanden, brachten deutlich positive Resultate sowohl für eine freiere als auch ökologischere und gesündere Art und Weise menschlichen Lebens, Arbeitens und Konsumierens.

Sexus

Das sind Bedürfnisse und Emotionen, die ursprünglich und teilweise weiterhin der organismischen Fortpflanzung dienen und die beim Menschen darüber hinaus zu einem positiven Gefühl ganzheitlicher familiärer und anderer menschlicher Verbundenheit erweitert wurden. Gesellschaftlich organisiert sich diese Emotionalität in der historischen Vielfalt von Familien- und Verwandtschaftsformen. Darüber hinaus wurden und werden in einigen Kulturen (siehe oben das Beispiel von Aspasia) aber auch Lebens- und Liebesformen gepflegt, in denen die sexuelle Energie nicht der physischen Fortpflanzung, sondern der ko-kreativen Inspiration dient. Für die Vielfalt von Kommunikationsformen, welche sexuelle Emotionalität mehr oder weniger miteinbeziehen, diese jedoch durch Verbindung mit Liebe und/oder Kommunikation und/oder Erkenntnis und/oder Sinn sublimieren beziehungsweise kultivieren, hat sich der besondere Begriff der Erotik herausgebildet.

In frühen Kulturen gab es oft an Jahreszeitenrhythmen gebundene erotische Rituale, in denen Menschen durch entsprechende Gruppentänze oder -spiele ihre Verbundenheit miteinander und mit der Natur auch im Rahmen erweiterter Familien- oder Stammesverbände feierten und festigten. In Blütezeiten der indischen und arabischen Gesellschaften wurden verschiedene Formen erotischer Kultur entwickelt und gepflegt, die als Tantra oder Karezza inzwischen teilweise auch in westlichen Gesellschaften Nachahmung finden.

Die ägyptische Autorin Shereen El Feki untersuchte in ihrem Buch »Sex und die Zitadelle: Liebesleben in der sich wandelnden arabischen Welt«, inwiefern auch in heutigen, oft relativ patriarchalen Gesellschaften noch oder wieder Spielräume für die einst sehr vielfältige orientalische erotische Kultur vorhanden sind. Und sie begründet die provokante These, dass ohne einen neuen freieren, offeneren Umgang damit die politisch-soziale Entwicklung in den arabischen Gesellschaften weiterhin stagnieren wird.

Im Vergleich dazu ist die Haltung der meisten modernen westlichen Kulturen zur Sexualität und ihren vielfältigen Spiel- und Inspirationsarten seit der 1968er-Kulturrevolution vergleichsweise offen und positiv. Dennoch lässt sich die These wagen, dass künftige Gesellschaften in der Linie der Liebe die erotische Bildung ihrer Kinder und Jugendlichen nicht der heutigen Kluft zwischen Biologieunterricht und vielfältigster virtueller Pornografie überlassen werden. Schulen der Zukunft werden vermutlich allen drei institutionell vernachlässigten Emotionalitäten – Sexus, Liebe und Sinn – einen ähnlich breiten Wissens- und Erfahrungsraum widmen wie gegenwärtig den Natur- und Technikwissenschaften. Denn Sexus, Liebe und Sinn sind sehr bedeutsam sowohl für individuelles Wohl- und Selbstgefühl, als auch für gelingende Familien und zahlreiche weitere zwischenmenschliche Kommunikationen. Menschen, die diese emotionalen Potenziale aufgrund entsprechend günstiger kultureller Förderungen freier und ganzheitlicher entfalten können, werden freiwillig viele nicht lebensförderliche und die ökologischen Lebensgrundlagen überfordernde materielle Produkte aufgeben. Ein schöner Entwurf einer solchen ökologischeren und erotisch selbstbewussteren Kultur gelang Aldous Huxley in seinem Roman »Eiland«.

Macht

Dies umfasst die Bedürfnisse und Emotionen, welche durch Dominanz und Unterwerfung beziehungsweise Führung und Disziplin komplexe soziale Strukturen organisieren. Gesellschaftlich realisiert sich dies insbesondere durch die Systeme von Politik und Recht, aber auch durch Status-, Dominanz- und Führungsstrukturen in allen Lebensbereichen. Es war ein wesentlicher Aspekt der Menschwerdung, dass die in Primatenhorden sehr ausgeprägten männlichen Dominanzemotionen durch die Emotionen der Liebe relativiert und als zentrale Organisationsqualität ersetzt wurden. Diese im besseren Sinne des Wortes sozialen Emotionen wirkten jedoch von Natur aus nur in unmittelbaren Sozialstrukturen wie Familien, kleinen Stammesgruppen oder überschaubaren Siedlungen ausreichend stark, um die gegenläufigen Dominanz-, Aggressions- und Unterwerfungsemotionen zu integrieren. Sobald größere und komplexere Gesellschaftsformen entstanden, wurde das Gefüge beider sozialen Qualitäten oft wieder umgekehrt, das heißt, die Emotionen der Dominanz wurden kulturell dominant und bestimmten die entscheidenden gesellschaftlichen Strukturen. Die Emotionalität der Liebe wurde auf Familienbeziehungen oder andere private Bereiche reduziert.

Dennoch gelang es Menschen und Gesellschaften immer wieder, aus der Intention mehr oder weniger bewusst kultivierter Liebe heraus menschliche Gegenbewegungen gegen vermachtete und oft auch entmenschlichte Gesellschaftsstrukturen zu initiieren und zumindest teilweise zu realisieren. Die heutigen modernen westlichen Gesellschaften verdanken ihre politischen, wirtschaftlichen und kulturellen Erfolge letztlich vor allem solchen »Revolutionen der Liebe«. Gleichwohl sind viele entscheidende Bereiche moderner Gesellschaften, insbesondere Politik und Wirtschaft und davon ausgehend teilweise auch Medien, Wissenschaften, Bildungs- und Sinnsysteme, mehr oder weniger stark von der Emotionalität der Dominanz, Konkurrenz und Unterwerfung durchdrungen.

Insofern komplexe Gesellschaften nie durch unmittelbare Kommunikation aller organisiert werden können und daher immer auch mittelbare Entscheidungs- und Führungsstrukturen benötigen, werden Momente von Dominanz und Konkurrenz dabei stets mitbeteiligt sein. Es ist jedoch ein entscheidender Unterschied, ob diese den Ton und die Art und Weise der Organisation bestimmen oder ob sie Mittler im Rahmen letztlich kooperativer und ko-kreativer Gesamtqualitäten sind.

Der Sozialphilosoph Michel Foucault schrieb daher, es gelte zu »begreifen, dass die Macht nicht im Staatsapparat lokalisiert ist und dass nichts in einer Gesellschaft verändert sein wird, wenn die Machtmechanismen, die außerhalb der Staatsapparate, unter ihnen, daneben, auf einem sehr viel niedrigeren, alltäglichen Niveau funktionieren, nicht verändert werden« (Foucault 1976:95).

Der Neurobiologe Umberto Maturana beschrieb das Problem ähnlich: »Unsere gegenwärtigen Schwierigkeiten bestehen nicht, weil wir nicht über ausreichendes Wissen verfügen oder weil es uns an technischen Fähigkeiten mangelt; unsere gegenwärtigen Schwierigkeiten sind das Ergebnis eines Mangels an Sensitivität …, eines Verlustes, den wir erleiden durch unser Eingebunden sein in die Konversationen der Inbesitznahme, der Macht, der Kontrolle über das Leben und über die Natur, die unsere patriarchale Kultur bestimmen« (Maturana 1994:21 ff.).

Die auf grundlegende politische Änderungen abzielenden Gegenentwürfe der letzten Jahrhunderte waren entweder nur kulturell anders legitimierte Dominanz- und Unterwerfungsstrukturen wie der sogenannte Realsozialismus. Oder sie blieben erfolglos, weil sie versuchten, die im Menschen biologisch immer vorhandene Dominanzemotionalität zu verdrängen statt sie zu integrieren. Beispielhaft dafür stehen die vielen letztlich misslungenen Versuche von Basis- und Konsensdemokratie in der sogenannten Alternativbewegung.

Die Zukunft nicht nur der westlichen Gesellschaft, sondern auch von Mensch und Erde insgesamt wird in vieler Hinsicht vor allem davon abhängen, ob es gelingt, primär ko-kreative statt unterdrückende Formen politischer und davon abgeleitet wirtschaftlicher Organisation zu verwirklichen. Eine sehr erfolgversprechende integrative Form politischer, aber auch sozialer und wirtschaftlicher Organisation (sowohl für unmittelbare als auch komplexe Gesellschaftsstrukturen) entwickelt sich seit einigen Jahren unter dem Begriff der Holokratie. Dabei wird der klassische und heroische Leader, der Handlungen durch mehr oder weniger subtiles Erzwingen ohne freiwillige Einwilligung des Organisationsmitglieds bewirkt, durch ein ko-kreatives Leadership ersetzt. Da dadurch die Kreativität von viel mehr Menschen freigesetzt und aktiviert wird, führt dies dort, wo Holokratie bereits gelingt, auch meist zu sowohl wirtschaftlich als auch menschlich erfolgreicheren Unternehmen und Organisationen. Mehr dazu erfahren Sie unter http://tsrconsulting.de/news-2/news-april-2014/holakratie-das-organisationskonzept-des-21-jahrhunderts/ und unter http://www.holacracy.org.

Liebe

Dies umfasst die Emotionen und Gefühle, welche es ermöglichen, für einen anderen Menschen oder auch für andere Lebewesen zu fühlen, sie nicht als Objekt, sondern als eigenständiges Subjekt wahrzunehmen und auf dieser Basis vertrauensvolle und kooperative Beziehungen und Entwicklungen zu organisieren. In Mann-Frau-Beziehungen oder anderen Partnerschaftsformen sind diese oft sehr eng mit den Emotionen der sexuellen Ebene verflochten. Davon sind sie erst einmal grundsätzlich zu unterscheiden, da Letztere primär die eigene Lusterfüllungen anstreben, Liebe jedoch die freie Entwicklung und das Glück aller Beteiligten intendiert. Aus der bewussten Integration von Liebe und Lust können jedoch vielfältige Momente ganzheitlicher Sinnerfüllung und Lebensfreude entstehen.

In gesellschaftlicher Organisation und Geschichte ermöglichte die Emotionalität der Liebe all die Strukturen, Initiativen und Entwicklungen, in denen einzelne oder Gruppen sich für die freie Existenz und Entwicklung anderer engagieren. Dazu gehören in heutiger Kultur viele Formen ehrenamtlicher oder gemeinnütziger Tätigkeit, egal ob diese sich für benachteiligte oder hilfebedürftige Menschen in eigenen oder anderen Ländern, für die Förderung besonders begabter Schüler oder für den Tierschutz einsetzen. Darüber hinaus inspirierten die Gefühle der Liebe aber auch die Entwicklung von Demokratie und Recht sowie die Entstehung von bedeutenden Kunstwerken, Philosophien und Religionen.

Auch im unmittelbaren menschlichen Beziehungsbereich gibt es eine Qualität, welche stärker als andere einander als gleichwerte Personen anerkennt und fördert: die Freundschaft. Bedeutende Philosophen wie Aristoteles, Khalil Gibran oder Michel Foucault widmeten dem Phänomen der Freundschaft nicht zufällig besondere theoretische und praktische Aufmerksamkeit. Aristoteles beschrieb Freundschaft als die im Leben von Menschen schönste und notwendigste Tugend. Wo Freunde sind, da braucht es keine Gerechtigkeit, denn Freunde sind sich bereits gerecht. Freunde lieben sich für das, was man ist, und für nichts anderes. Für Foucault ist Freundschaft eine Beziehungsform, deren Gestalt noch nicht gegeben ist, die außerhalb von allen institutionellen oder familiären Interessen und Bindungen besteht und für die weder Gesetz, Regel noch Gewohnheit vorliegen. Und Khalil Gibran sah eine Zukunft voraus, in der viele Freundschaftsverträge vereinbart werden.

Der Begriff der Freundschaft hat starke Bezüge zu den beiden im Untertitel dieses Buchs ausgedrückten praktischen Konkretionsebenen der Liebe: Der einzelne Mensch kann seine Potenziale immer dann und dort am besten entfalten, wo er spürt, dass Freunde diese freie Entfaltung seiner selbst nicht nur unterstützen, sondern sich auch unmittelbar darüber freuen. Und in solchem liebevollen Klima, in dem zwei oder mehr Menschen einander diese Freude an gegenseitiger freier Entwicklung aller ihrer Potenziale vermitteln, entsteht oft auch eine starke Ko-Kreativität, egal ob sich diese im Bereich von Wirtschaft, Politik, Wissenschaft oder Kunst ausdrückt.

Denken wir dies aus Sicht unseres Themas weiter, so lässt sich Folgendes vermuten: Künftige Kulturen der Liebe werden vor allem Kulturen der Freundschaft und Ko-Kreativität sein. Oder anders ausgedrückt: Menschen werden in all ihren Lebensfeldern, egal ob in Wirtschaft, Politik, Wissenschaft oder Freizeit, vor allem darauf achten, dass dort Qualitäten der Liebe im Sinne von freundschaftlicher Zusammenwirkung und Ko-Kreativität entstehen und bestehen bleiben, die der gegenseitigen Entwicklung und Freude und darüber hinaus der vieler anderen Menschen und Lebewesen dienen. Um diese Ko-Kreativität der Liebe näher zu erforschen und praktisch zu entfalten, haben wir entsprechende Foren dafür gegründet. Mehr dazu erfahren Sie unter www.imlove.de.

Sprache

Dies umfasst Bedürfnisse und Emotionen zur vielfältigen zwischenmenschlichen Verständigung und gesellschaftlichen Kommunikation. Diese realisieren sich zum einen im unmittelbaren Zusammenleben und -arbeiten, zum anderen entfalten sie sich kulturgeschichtlich mit zunehmender gesellschaftlicher Komplexität über besondere Kommunikationsmedien wie Bücher, Radio, Internet etc. Da menschliche Gesellschaften – auch dann wenn sie in Wirtschaft und Politik stark konkurrenz- und dominanzbestimmt sind – letztlich nur in der mehr oder weniger konsensuellen Koordination von Handlungen und Emotionen existent sind, haben die verfügbaren Kommunikationsmedien einen nicht unwesentlichen Einfluss darauf, wie groß und komplex sich eine bestimmte Gesellschaft erhalten und entwickeln kann. Erst die Etablierung von schriftlichen Sprachzeichen machte komplexe Hochkulturen möglich. Die moderne Aufklärung, Demokratie, Wirtschaft und Wissenschaft wurden erst durch die dank etablierter Buch- und Zeitungsdrucktechnik massenhafte Koordination von vielfältigen Informationen möglich. Und vieles spricht dafür, dass mit der Etablierung des Internets als neuestes und im Vergleich zu allen vorherigen unendlich komplexeres und sensibleres Kommunikationsmedium eine völlig neue Epoche menschlicher Gesellschaft beginnt.

Aus Sicht unseres Themas ist interessant, dass die wichtigsten Pioniere der Entwicklung des Internets aus Motiven handelten, die jeweils in der Emotionalität der Liebe angesiedelt waren und einander dabei ko-kreativ ergänzten. Timothy John Berners-Lee, der um 1990 die wichtigsten Grundideen des World Wide Webs entwickelte und umsetze, verstand sich als Vertreter einer unitarischen Weltsicht, welche Gesellschaften mit folgenden Qualitätskriterien unterstützt: flache Hierarchien, harmonische Kooperation, Toleranz und Offenheit für Vielfalt, Vernunftgebrauch sowie Zuversicht in die Mitstreiter. Auch die ko-kreativen Gründer eines der für den Erfolg des Internets wichtigsten Unternehmens, Google, unterstellten ihre gesamte Unternehmensphilosophie dem Grundsatz »Tue nichts Böses«. Sie investieren einen Teil ihrer Unternehmensgewinne in Forschungen und Entwicklungen, die für die Zukunft von Mensch und Erde nötig sind. Dazu gehört neben verbrauchsarmen Verkehrsmitteln und energiesparender Technik vor allem die machtfreie weltweite Verfügbarkeit von allem Wissen und aller Kultur, welche die Menschheit hervorbrachte. Wir erleben gegenwärtig erst den Beginn dieses neuen Zeitalters, welches Information, Wissen und damit auch das Wissen der Liebe aus den Engen von Macht und Besitz befreit. Vieles spricht dafür, dass damit die technisch-medialen Grundlagen einer künftigen weltweiten Kultur der Liebe entstehen.

Erkenntnis

Im Zuge der Menschwerdung in der evolutionären Linie der Liebe verstärkten sich auch Potenziale der Erkenntnis, die zuvor im Tierreich nur marginal entwickelt waren. Der alltagssprachliche Begriff dafür ist Neugier oder Wissensdurst. Kulturgeschichtlich entstanden im Laufe der Zeit zwei Institutionen, die diese Emotionalität der Neugier nutzen und organisieren: Wissenschafts- und Bildungssysteme. Ähnlich wie alle modernen Strukturen ist auch die moderne Wissenschaft sowohl von Intentionen der Liebe als auch von solchen der Dominanz gekennzeichnet. Viele junge Wissenschaftler beginnen ihre Tätigkeit im Idealismus der Liebe und stehen früher oder später vor der Frage, ob sie ihre Forschungen den Interessen wirtschaftlicher und politischer Verwertung unterwerfen wollen oder nicht. Dies ist eine der Ursachen dafür, dass die moderne Wissenschaft zwar inzwischen sehr viele Details über physikalische, chemische, biologische, soziale etc. Wirklichkeitsbereiche analysiert und dokumentiert hat, doch die wahrscheinlich wichtigste Thematik menschlicher Existenz und Zukunft, die Liebe, bisher nur ansatzweise erforscht ist. Immerhin mehren sich in den letzten Jahrzehnten Forderungen und Impulse für eine solche interdisziplinäre Erforschung der Liebe.

Die Umweltwissenschaftler Donella und Dennis Meadows und Jørgen Randers forderten dies sehr deutlich in der Neuauflage ihres Buchs »Die Grenzen des Wachstums«, in »Das 30-Jahre-Update«: Sie führen darin aus, dass sie auf ihrer Suche nach Wegen zur Ermutigung friedlicher Veränderungen eines Systems viele Mittel wie die rationale Analyse, Daten-Sammlung, Systemdenken, Computermodellierung und klare Worte ausprobiert hätten und bezeichnen diese als »nützlich, notwendig, aber nicht ausreichend«. Sie verweisen schlussfolgernd auf andere Mittel, »die unserer Erfahrung nach nicht optional, sondern essentiell sind für jede Gesellschaft, die langfristig zu überleben hofft. Diese werden oft als zu ›unwissenschaftlich‹ betrachtet und daher in der zynischen öffentlichen Arena nicht ernst genommen … Es sind: Visionsbildung und Vernetzung, Wahrheitserzählung, Lernen und Lieben. In der industriellen Kultur ist es nicht erlaubt, über Liebe zu sprechen, außer im romantischen und trivialen Sinn. Jeder, der über die Kapazität der Menschen spricht, praktische Bruder- und Schwesterliebe zu praktizieren, Liebe der Menschheit als Ganzes und unseres Planeten, wird eher verspottet als ernst genommen.« Die Autoren bezeichnen Individualismus und kurzsichtige Interessen als die größten Probleme der gegenwärtigen Gesellschaften und als die tiefste Ursache ihrer Nichtnachhaltigkeit. Liebe und Mitgefühl, in sozialen Formen institutionalisiert, seien die bessere Lösung. »Die Menschheit kann bei ihrem Abenteuer der Verringerung des menschlichen Fußabdrucks auf ein nachhaltiges Niveau nicht erfolgreich sein ohne einen Geist globaler Partnerschaft. Der Kollaps kann nicht vermieden werden, wenn die Menschen nicht lernen, sich selbst und die anderen als Teil einer integrierten globalen Gesellschaft zu sehen. Beides erfordert Mitgefühl, nicht nur mit dem Hier und Jetzt, sondern auch mit dem Fernen und Zukünftigen. Die Menschheit muss lernen, die Idee eines lebendigen Planeten für zukünftige Generationen zu lieben.« (Meadows et al. 2004:269 ff.; zitierte Passagen hier übersetzt durch M. Hosang).

Ähnlich ambivalent wie das Wissenschaftssystem gestaltet sich das moderne Bildungssystem. Auch hier wird der positive Sinn, die organisierte Bildung junger Menschen mit allen für späteres Leben und Arbeiten nötigen Erkenntnissen zu gewährleisten, durch im System inhärente Dominanz- und Unterwerfungsstrukturen unterlaufen. Mehr dazu, inwiefern das heutige Bildungssystem die menschliche Neugier eher begrenzt und blockiert als ungehindert fördert, und wie ein wirklich die freie menschliche Potenzialentfaltung und Ko-Kreativität förderndes Bildungssystem aussehen könnte, hat Gerald Hüther bereits im vorhergehenden Buchbeitrag ausgeführt.

Ein Lichtblick der modernen Erforschung der Liebe ist das vor wenigen Jahren veröffentlichte Buch der amerikanischen Psychologin und Neuobiologin Barbara Frederickson »Die Macht der Liebe. Ein neuer Blick auf das größte Gefühl«. Sie beschreibt darin die Essenz der Liebe wie folgt: »Liebe ist nicht das, wofür wir sie halten. Sie ist kein dauerhaftes und exklusives Gefühl, das an die Beziehung zu einem besonderen Menschen gebunden ist. Liebe besteht aus Sekundenbruchteilen emotionaler Verbundenheit, die unsere Psyche, unseren Körper und unser soziales Umfeld positiv beeinflussen. Unser ganzes Leben profitiert von diesen kurzen Momenten der Verbindung zu anderen Menschen, die wir nicht einmal kennen müssen.« Sie berichtet von ihren Forschungen, die zeigen, dass und wie sich diese Art von Liebe fördern lässt und »wieso sie die Macht hat, unsere Welt zum Guten zu verändern«. (Frederickson 2014:302)

Um die interdisziplinäre Erforschung und bewusste Entfaltung von Liebe als sozial, kulturell und wirtschaftlich innovative Kraft und menschlichstes aller menschlichen Potenziale im Dialog mit vielen weiteren Wissenschaftlern und Praktikern weiterzuführen, sind wir dabei, entsprechende Forschungsnetzwerke zu entwickeln (siehe www.imlove.de).

Sinn

Das Bedürfnis oder die Sehnsucht nach Sinn im Leben ist uns Menschen wahrscheinlich ebenso angeboren wie physischer Hunger oder sexuelle Lust. Zu diesem Schluss kommt der Neurologe und Psychologe Viktor Frankl in seinen Forschungen, die er unter anderem in seinem Buch »Das Leiden am sinnlosen Leben« (Frankl 2013) ausführt. Darin zeigt er auch, welche seelischen Krankheiten bei Menschen entstehen, die zwar physisch gut ernährt sind, jedoch in Gesellschaften aufwachsen, die ihnen keine »Nahrung« für ihre Sinnsehnsucht bieten.

Das menschliche Sinngefühl wird in Gesellschaften vor allem durch Künste, Religionen und Philosophien ausgedrückt und organisiert. Um zu verstehen, inwiefern alle drei dieser Sinnausdrucksformen innerlichst mit Liebe zu tun haben, betrachten wir sie nacheinander.

Zuerst zur Kunst: Der heutige Kunstmarkt bietet eine auf den ersten Blick eher verwirrende als sinnstiftende Vielfalt an Formen. Doch wirklich bedeutende Kunstwerke, welche auch nach Jahrhunderten noch als wirkliche Kunst wahrgenommen werden, entstanden neben ihrem besonderen Kontext immer auch aus der Kreativität der Liebe. Vincent van Gogh, als einer dieser großen Künstler, äußerte das so: »Je mehr man liebt, um so tätiger wird man; Liebe ist mehr als Gefühl.« Und auch: »Man soll lieben, so viel man kann, und darin liegt die wahre Stärke, und wer viel liebt, der tut auch viel und vermag viel, und was in Liebe getan wird, das wird gut getan.«

Jetzt zur Sinnantwort der Religionen: Da Anselm Grün im dritten Buchteil ausgiebig darauf eingeht, hier nur kurz dazu aus einer anderen Perspektive. Seit einigen Jahren gibt es eine zunehmende Diskussion darüber, ob Sinn oder Glück das wichtigere Kriterium gelingenden Lebens ist. Diese Diskussion ist ein moderner Ausdruck eines Dilemmas, dass sich durch die letzten Jahrtausende der Menschheitsgeschichte zog und das auch Hermann Hesse in seinem Roman »Narziss und Goldmund« poetisch beschrieb: Soll der Mensch wie Goldmund einer möglichst umfassenden und immer neuen Befriedigung seiner physischen und erotischen Bedürfnisse nachgehen, oder eher wie Narziss der Oberflächlichkeit dieses nur sinnlichen Glücks entsagen und sich vor allem sich der Suche nach ewigen Werten widmen?

Dieses scheinbare Dilemma löst sich auf, wenn wir Liebe nicht mehr primär als private romantische Angelegenheit, sondern als Intuition und Sehnsucht für den Grund allen Seins verstehen. Aurobindo Ghose formulierte dies in wunderschöner Art und Weise als Fazit seines Studiums westlicher und indischer Religionen und Philosophien: »Liebe ist die Krönung allen Seins und der Weg zu dessen Erfüllung. Durch Liebe erhebt es sich zur vollen Intensität, zu jeglicher Fülle und zum Entzücken der höchsten Selbst-Findung. … Liebe ist die Macht und Leidenschaft der Selbst-Seligkeit. Ohne Liebe mögen wir den verzückten Frieden seiner Unendlichkeit erlangen, das in sich versunkene Schweigen von *ananda*. Wir erfahren aber nicht ihre absolute Tiefe, ihren

Reichtum und ihre Fülle. … Denn Liebe ist die Krone des Wirkens und die Blüte am Baum der Erkenntnis.« (Ghose 1991:558 ff.) »ananda« ist ein Wort aus dem Sanskrit und bedeutet: Glückseligkeit, die aus dem eigenen Inneren entsteht, die aus sich selbst existiert und nicht durch äußere Dinge bedingt ist.

Große Kunst drückt Liebe in vielerlei Formen aus und große Religionen bieten unserer Sinnsehnsucht grundlegende Bezüge zur Liebe als Quelle allen Seins. Philosophie hingegen versucht die Liebe im Verstand und im Herzen des Menschen selbst zu verstehen und selbstbewusst werden zu lassen. Eines der ersten philosophischen Meisterwerke, Platons »Symposium«, ist ein Gespräch von Sokrates und dessen Freunden darüber, inwiefern Liebe die stärkste und schönste kosmische Kraft und warum sie uns Menschen wichtiger als alles andere ist. Auch bedeutende spätere Philosophien, ob die von Jacob Böhme, Baruch Spinoza, Johann Gottlieb Fichte, Rudolf Hermann Lotze, Max Scheler, Teilhard de Chardin und viele weitere, gelangen immer zum gleichen Schluss: Der Mensch hat als sinnlich-physisches Lebewesen zwar eine ganze Reihe von egozentrischen Anlagen, Trieben und Emotionen. Doch Menschen sind zugleich Wesen der Liebe. Wir haben besondere Anlagen, Gefühle und kreative Potenziale, in denen die Liebe als Grund, Quelle und Sinn des Seins sich selbst erkennen und wie nirgendwo anders verwirklichen kann. Unsere Sehnsucht nach Sinn, nach einer über bloße egozentrische Bedürfnisbefriedigung hinausgehenden Bedeutung und Fülle unseres persönlichen Lebens, ist daher letztlich die Sehnsucht der universellen Liebe in uns. Es ist die Sehnsucht dieser universellen kosmischen Kraft danach, ihr schöpferisches Potenzial auf jene einzigartige und bewusste Weise, die jeder Mensch ist und die jeder auch in jedem anderen erkennen und stärken kann, zu entfalten. Denn Liebe ist die einzige Energie, welche sowohl befreit und individualisiert als auch verbindet und vereint und so immer neue Seinsweisen und Spielarten ihrer selbst hervorbringen kann und will.

Dieses allmähliche Selbstbewusstwerden der Liebe im Menschen führt zu psychischen bzw. seelischen Qualitäten, in denen sich sinnlich-egozentrische Bedürfnisse und die Potenziale der Liebe integrieren. Erst dadurch kann der Mensch sich als Ganzes selbst verstehen und verwirklichen.

Kurz vor und nach 1900 gab es mit Hermann Lotze und Max Scheler zwei Philosophen, welche genau dies als die Kernaufgabe von Philosophie erkannten (Lotze 1879 und Scheler 1916). Die kulturellen Rückfälle der beiden Weltkriege des 20. Jahrhunderts erschütterten das menschliche Selbstbewusstsein so stark, dass Philosophie und Wissenschaft seitdem und bis heute starke Scheu vor der Selbstvergewisserung und Erforschung der Liebe als Grund und Sinn allen Seins haben. Erst in den letzten Jahren mehren sich diese menschlichen Bewusstseinsstimmen der Liebe wieder, wenn auch oft noch mit Vorsicht vor diesem Wort selbst. Die amerikanische Wissenschaftsjournalistin Lynne McTaggart liefert in ihrem Buch »Das Nullpunktfeld«

(McTaggart 2007) eine ausgezeichnete Zusammenstellung von wenig bekannten Erkenntnissen aus Physik, Biologie, Neurowissenschaften und anderen Bereichen darüber, dass es eine Art universelles, alles durchdringendes und alles verbindendes Energiefeld gibt. Dadurch wird der bereits zu Beginn dieses Buchteils zitierte Gedanke von Teilhard de Chardin neu verständlich, welcher Liebe als die grundlegendste, stärkste und schönste Energie des Seins und der Evolution bezeichnete, die in uns Menschen allmählich zum Bewusstsein ihrer selbst kommt (Teilhard de Chardin 1959 und 1967).

Ein moderner Begriff »Energie Liebe« könnte auch einen neuen Brückenschlag von Natur- und Geisteswissenschaften ermöglichen. Die moderne Physik erkennt an, dass der gesamte Kosmos zu 95 Prozent aus einer Energie besteht, die man mit rein physikalischen Methoden nicht verstehen und nicht erforschen kann. Weil sie darüber nichts sagen können, nennen die Physiker sie »dunkle Energie« (siehe: http://www.weltderphysik.de/gebiet/astro/news/2015/dunkle-materie-und-dunkle-energie-bleiben-raetselhaft/). Da wahrscheinlich nicht viele verschiedene grundlegende Energien existieren, liegt der Schluss nahe, dass diese »dunkle Energie« der Physiker letztlich dieselbe ist, welche große Religionen und Philosophien als Liebe verstehen.

Eine Philosophie der Zukunft wird vermutlich die Scheu der meisten heutigen Wissenschaftler vor der Liebe als nicht nur privat-romantische Angelegenheit, sondern auch universellste, stärkste und schönste Evolutionsenergie überwinden und so ihrer Funktion als Wissenschaft menschlichen Selbstbewusstseins wieder gerecht werden können. Wer die verschiedenen philosophischen Antworten auf die Sinnfrage lieber interaktiv erleben als nur lesen will, der kann das in der kürzlich eröffneten Philosophischen Erlebniswelt bei Dresden, siehe www.philosofie.org.

Fazit und Ausblick einer künftigen Kultur der Liebe

Die in diesem Buch aus neurobiologischer, sozial- und kulturgeschichtlicher sowie philosophisch-theologischer Perspektive dargestellten Potenziale der Liebe als entscheidende kreative und innovative Kraft der Menschheit mögen manchen Lesern utopisch erscheinen. Aus der Perspektive heutiger Wirtschaften und Gesellschaften, die aus Gewohnheit und mangels Phantasie vielen ihrer Mitglieder als normal und selbstverständlich erscheinen, ist dies verständlich. Nachvollziehbar ist der Einwand, dass ein Wirken dieser innovativen Kraft doch utopisch sei, auch deshalb, weil die modernen westlich-demokratischen Kulturen mit ihren historisch mühsam erkämpften Errungenschaften von individueller Freiheit, zumindest rechtlicher Gleichstellung von Frau und Mann, demokratischer Politik, freier Wirtschaft und Kultur doch ein begrüßenswerter Fortschritt der Linie der Liebe gegenüber den noch schimpansenartigeren Gesellschaften in anderen Teilen der Welt sind. Nachvollziehbar ist auch die Skepsis gegenüber wie auch immer religiös oder spirituell begründeten Politiken, die im Namen welchen Gottes auch immer in den letzten 10 000 Jahren verschiedenste patriarchale Herrschaftsstrukturen legitimierten.

Daher ist es wichtig, einen Unterschied deutlich zu machen: Wirkliche Kulturen der Liebe sind Horte von gegenseitigem Vertrauen und Verstehen, von Kooperation und Ko-Kreativität, von Zärtlichkeit und Freiheit der individuellen Lebens-, Entwicklungs- und Tätigkeitsformen. Das heißt, solche Kulturen der Liebe schließen aus, dass Normen, Tabus und Erwartungen welcher Art auch immer durch ideologische Konstruktionen in überirdische Götter projiziert werden, die in Form ihrer – meist männlichen – irdischen Stellvertreter den menschlichen Individuen gegenüber be- und verurteilend wirksam sind. In Kulturen der Liebe wird es zwar auch menschliche Vorbilder, Lehrer und Ratgeber der Liebe geben, welche durch persönliches Beispiel andere dabei unterstützen, ihre Qualitäten der Liebe zu erkennen und so ihr persönliches Potenzial für sich selbst und die anderen Wesen dieser Welt zu entfalten. Doch diese werden sich nicht anmaßen, anderen deren Formen des Lebens und Liebens vorzuschreiben. Sie werden mehr denn je die Subjektivität eines jeden verstehen und bejahen. Ihre Wirkungsform wird eine des Einladens und Ermutigens sein.

Kommen wir zurück zu der Frage, ob solche künftigen Gesellschaften, die sich bewusst und in geschichtlich bisher nie verwirklichter Weise durch die Liebe organisieren, illusionär oder möglich sind. Die Antwort darauf kann letztlich nur die Zukunft selbst geben. Doch es gibt zwei Argumente, die für ein »Ja, solche durch die Liebe organisierte Gesellschaften sind möglich« sprechen: Ein Argument liegt in der kaum zu leugnenden Tatsache, dass auch die demokratisch und kulturell fortschrittlichsten modernen Gesellschaften sowohl in ökologischer als auch in seelischer Hinsicht unbefriedigend sind. Dazu gehört die Einsicht, dass die durch freie Demokratie, Wissenschaft und Technik erreichten Blüten moderner Wirtschaft und Gesellschaft zweifellos einzigartig und bewahrenswert sind, aber eine bloße weitere Vermehrung dieser vorwiegend materiellen Güter weder Sinn noch wirkliches Glück weiterer Evolution sein kann.

Das zweite Argument liefert ein Blick auf die irdische Evolution, die in ihren langen bisherigen Lauf schon einige aus Sicht vorheriger Strukturen kaum denkbare Innovationen in einer letztlich der Entfaltung von Liebe und Bewusstsein zuordenbaren Tendenz hervorbrachte: so die Entstehung des Lebens selbst; die Entwicklung von ihren Kindern individuelle Zuwendung widmenden Säugetieren und die Entstehung des Menschen in dieser evolutionären Linie der Liebe; und nicht zuletzt die tendenzielle Verbreitung von Religionen, Philosophien, Künsten und Wissenschaften der Liebe, die trotz aller geschichtlichen Rückschläge in immer mehr Menschen die ko-kreativen Potenziale der Liebe freisetzen, stärken und entfalten.

Von der Tiefe bis hoch zu den Sternen durchflutet die Liebe das All.

Hildegard von Bingen

TEIL 3

ANSELM GRÜN

Liebe ist der Grund des Seins

Einführung

In Jesus wurde die Revolution der Liebe sichtbar. Seine Art und Weise, wie er zu Menschen gesprochen hat, wie er ihnen begegnet ist und wie er sie berührt hat, war von Liebe geprägt. Diese Liebe, die von Jesus ausgegangen ist, hat die Menschen fasziniert. Paulus schreibt von dieser Erfahrung der Liebe: »Die Liebe Gottes ist ausgegossen in unseren Herzen durch den Heiligen Geist, der uns gegeben ist« (Röm 5,5). Er hat erfahren, dass da durch Jesus eine Liebe in die Welt kam, die sich in die Herzen der Christen ergießt. Der Evangelist Lukas schreibt nicht über diese Liebe, sondern er beschreibt, wie diese Liebe sich zeigt. Sie zeigt sich im liebevollen Umgang Jesu mit Männern und Frauen, mit Frommen und Sündern. Und sie zeigt sich dann in der frühen christlichen Gemeinschaft. Von ihr sagt Lukas: »Die Gemeinde der Gläubigen war ein Herz und eine Seele« (Apg 4,32). Die Menschen, die das Miteinander der ersten Christen sahen, riefen spontan aus: »Seht, wie sie einander lieben.« Sie spürten, dass da eine Liebe zwischen Menschen sichtbar wurde, die sie auf diese Weise bisher noch nicht erlebt, nach der sie sich aber im Grunde ihres Herzens immer gesehnt haben.

Johannes war von dieser Liebe Jesu so fasziniert, weil er gesehen hat, dass diese Liebe stärker ist als der Hass der Menschen, dass es möglich ist, diese Liebe durchzuhalten, selbst wenn man von außen her drangsaliert und verletzt wird. Daher kommt die Liebe Jesu für ihn am Kreuz zur

Vollendung. Es ist eine Liebe, die den Tod überwindet, die den Hass und die Feigheit der Menschen überwindet.

Von dieser neuen Erfahrung der Liebe, wie sie die Menschen mit Jesus und dann später in ihrem eigenen Miteinander gemacht haben, möchte ich in meinem Beitrag sprechen. Dabei ist mir auch klar geworden, dass diese faszinierende Erstlingserfahrung der Liebe von den Christen nicht durchgehalten worden ist. Es kamen auch in den frühen christlichen Gemeinden Zwiespalt, Neid und Missgunst auf. Doch immer haben die Christen über das Geheimnis dieser Liebe nachgedacht, die in Jesus so einzigartig aufgeleuchtet ist.

Als die gebildeten Griechen von der Liebe angezogen waren, die sie bei den Christen wahrnahmen, versuchten sie, das Phänomen der Liebe, das sie bei den Christen erlebten, mit den Begriffen griechischer Philosophie zu erklären. Die Griechen hatten eine eigene Philosophie der Liebe entwickelt. Dabei differenzieren sie zwischen Eros, der begehrlichen Liebe, die vor allem die Liebe zwischen Mann und Frau meint, der Philia, der Freundesliebe, die sich am Sein des Freundes freut, und der Agape, der selbstlosen Liebe zum Nächsten und der Liebe zu Gott und der Liebe Gottes zum Menschen. Sowohl die Agape als auch der Eros werden von den Griechen als Kräfte gesehen, die alles miteinander verbinden. Sie sind für die griechische Philosophie wie eine Macht, die in die Welt eingegraben ist und die Welt zusammenhält. Für die Griechen gibt es drei verschiedene Weisen der Liebe und doch gehören alle auch wieder zusammen.

Auch die Agape braucht den Eros, um lebendig zu sein, und die Philia, die sich am Sosein des andern freut. Und umgekehrt gibt es keinen Eros, der nicht Anteil hat an der Freundesliebe und an der reinen Liebe, die uns von Gott zukommt.

Die frühen Kirchenväter haben durch die Brille der griechischen Philosophie auf die Texte der Bibel geschaut. Und sie haben in Aussagen der Bibel über die Liebe immer schon die Macht der Liebe erkannt. Später hat man – vor allem dann im Westen – die Bibel eher moralisierend ausgelegt. Die Liebe wurde zu einem moralischen Gebot. Das ist keine Verfälschung der Aussagen der Bibel. Aber das Moralisieren hat viele Christen abgeschreckt, über das Thema der Liebe nachzudenken. Sie fühlten sich überfordert, immer den Nächsten zu lieben und die eigenen Bedürfnisse zu überspringen. Doch so hat Jesus die Liebe nicht verstanden. Für ihn ist die Liebe die Weise, mit sich selbst, mit den andern, mit der Schöpfung und mit Gott in Beziehung zu treten. Die christliche Tradition – vor allem ihre mystischen Strömungen – kennt auch die Liebe als eine göttliche Kraft, die allem zugrunde liegt und alles miteinander vereinigt. In diesem mystischen Sinn möchte ich die biblischen Texte vor allem bei Johannes und Paulus auslegen.

Diese Auslegung ist nicht die einzig mögliche Weise, die Bibel zu verstehen. Alles, was die christliche Tradition über die Liebe geschrieben hat, ist nach wie vor gültig. Aber hier interessiert mich vor allem die Liebe als die kreative Energie, die Liebe als göttliche Kraft, die Liebe als die Macht, die von Gott ausgeht, alles durchdringt und alles zur Einheit führen möchte. Diese Liebe als göttliche Kraft kann zu einer Revolution führen, so wie sie auch Konstantin Wecker in seinen Liedern besingt: eine Revolution der Zärtlichkeit und nicht eine Revolution der Gewalt. Wenn wir der Liebe als der göttlichen Kraft, die in uns und in der ganzen Schöpfung wirkt, trauen, dann kann eine Revolution entstehen, die die Maßstäbe dieser Welt, wie sie vor allem von Ökonomen festgeschrieben wird, zerbricht und eine Kultur der Liebe schafft anstelle einer Unkultur der Ausbeutung und Überforderung.

I. Gottes Wesen als Liebe

Die Liebe im Johannesevangelium und in den Johannesbriefen

Die zentrale Botschaft des 1. Johannesbriefes ist: »Gott ist Liebe.« Johannes wiederholt diese Aussage. Einmal sagt er: »Gott ist von seinem Wesen her Liebe« (1 Joh 4,8). Das andere Mal entfaltet Johannes diese Aussage: »Gott ist Liebe, und wer in der Liebe bleibt, bleibt in Gott, und Gott bleibt in ihm« (1 Joh 4,16). Die Aussage ist also wechselseitig. Gott ist vom Wesen her Liebe. Aber immer dort, wo wir Liebe erfahren, sind wir auch in Gott und haben wir Teil an Gott. Gott ist für Johannes beides: er ist in sich selbst

Liebe. Aber er ist auch eine Person, die wir lieben und die uns liebt. Gott drückt seine Liebe zu uns aus, indem er uns seinen Sohn schenkt. So heißt es in Joh 3,16: »Gott hat die Welt so sehr geliebt, dass er seinen einzigen Sohn gab, damit jeder, der an ihn glaubt, nicht zugrunde geht, sondern das ewige Leben hat.« Gott zeigt uns seine Liebe in seinem Sohn. Dort leuchtet sie für uns auf. Und wenn wir an diese Liebe glauben, die gerade im Tod seines Sohnes in seiner ganzen Herrlichkeit aufscheint, dann haben wir ewiges Leben, dann erfahren wir hier schon ein Leben, das durch den Tod nicht mehr zerstört werden kann. Dann wird unser Bewusstsein hier schon verwandelt und erweitert.

Neben dieser personalen Aussage über die Liebe sagt Johannes aber noch etwas anderes aus: Gott ist Liebe. Und wir erfahren Gott, wenn wir in uns Liebe erfahren. Jeder von uns sehnt sich danach, zu lieben und geliebt zu werden. Und jeder macht dabei Erfahrungen von Erfüllung und Enttäuschung, von Verzauberung und Verletzung. Das Ziel unserer Sehnsucht ist nicht, dass jemand uns so liebt, dass wir für immer satt sind. Vielmehr ist das Ziel, dass wir nicht mehr nur lieben und geliebt werden, sondern Liebe sind. Das meint Johannes mit seiner Aussage.

Doch was heißt das: Liebe sein? Eine Frau erzählte mir: Ich habe meditiert. Und auf einmal war ich Liebe. Ich dachte nicht an einen bestimmten Menschen. Ich war einfach Liebe. Die Liebe ist durch mich hinausgeströmt in mein Zimmer, zu meiner Familie, zu meiner Katze, in die Natur hinaus. Ich fühlte mich mit allem verbunden. Ich fühlte mich mit allem eins.

Diese Frau hat erfahren, was Johannes mit seinem Satz ausdrückt. Wenn wir Liebe sind, dann sind wir mit allem verbunden, dann sind wir eins mit der ganzen Welt. Und dann geht von uns eine versöhnende und vereinende Kraft aus. Und in dieser Kraft erfahren wir Gottes Liebe als Qualität unseres eigenen Menschseins.

Im Johannesevangelium wird diese Erfahrung noch weiter entfaltet. Da sagt Jesus: »Bleibt in meiner Liebe.« (Joh 15,9) Hier spricht Johannes von »agape«. Die Agape ist die göttliche Liebe. Sie ist gleichsam ein Raum, in dem wir wohnen, bleiben, leben können. Aber diese Liebe soll sich auch ausdrücken, indem wir einander lieben. Und die Liebe drückt sich auch aus, wenn wir Jesu Gebote halten. Das klingt für uns nicht so sympathisch. Aber es meint, dass die Liebe sich auch ausdrücken soll in einer ganz bestimmten Haltung anderen Menschen gegenüber, ja dass die Liebe auch eine Ordnung braucht. Die Liebe drückt sich aus in einem achtsamen Umgang mit der Welt, mit den Menschen und mit allen Dingen. Das Gebot Jesu wird nie als konkrete Anweisung ausgelegt. Es entspricht vielmehr der Haltung Jesu. Wir lieben, wenn wir uns wie Jesus verhalten. Und Jesu Verhalten drückt er selbst aus in dem Wort: »Es gibt keine größere Liebe als wenn jemand sein Leben hingibt für seine Freunde« (Joh 15,13). Diese Liebe Jesu gipfelt also in seiner Hingabe für seine Freunde, die am Kreuz ihren Höhepunkt hat.

Johannes lässt das Geheimnis der Liebe in zwei Bildern in unsere Herzen eindringen. Das erste Bild ist das des Kreuzes. Das Kreuz ist ein Bild der Umarmung. Vom Kreuz herab umarmt Jesus all die Gegensätze in uns und zwischen uns. Das Kreuz ist ein Bild der Versöhnung, dass alle Gegensätze zwischen Himmel und Erde, Licht und Dunkel, unten und oben, rechts und links, arm und reich, Juden und Griechen, Frommen und Heiden miteinander versöhnt werden. Das Kreuz war schon lange vor dem Christentum ein Heilssymbol. Es war immer ein Symbol für die Einheit aller Gegensätze. Es hat immer schon die Sehnsucht der Menschen nach Einheit zum Ausdruck gebracht. Dieses urmenschliche Einheitssymbol nimmt Johannes, um das Geheimnis des Todes Jesu zu interpretieren. In seinem Tod am Kreuz umarmt Jesus die ganze Menschheit, ja den ganzen Kosmos, Himmel und Erde, Gott und Mensch, Licht und Dunkel. Wir können dieses Einheitssymbol des Kreuzes leibhaft erfahren, wenn wir uns in der Gebärde des Kreuzes hinstellen. Wir breiten unsere Arme aus und halten sie waagrecht nach rechts und links. Dann haben wir das Gefühl, dass wir die ganze Welt umarmen. Wir sind Teil der ganzen Welt. Alles, was im Kosmos ist, das ist auch in uns. Wenn wir uns so eins mit allem erfahren, werden wir auch anders mit allem umgehen. Denn im Kosmos, in den Pflanzen, in den Tieren, in der Materie erkennen wir uns selbst wieder. Wir sind eins mit allem, was ist. Die Liebe verbindet uns. Das Kreuz ist das Symbol dieser Verbindung mit allem Sein.

Das zweite Bild ist das Bild des offenen Herzens. Am Kreuz öffnet ein Soldat mit der Lanze die Seite Jesu. Und aus seinem Herzen strömen Blut und Wasser heraus. Die Kirchenväter haben das so gedeutet: Während seines Lebens hat Jesus nur die Menschen mit seiner Liebe erreicht, denen er begegnet ist. Jetzt wird seine Liebe entgrenzt. Sie wird ausgegossen in die ganze Welt. Die ganze Welt ist nun von Liebe durchdrungen. Und so ist jeder, der heute lebt, von dieser Liebe berührt. Jesu Liebe hat sich in die Welt eingeprägt. Sie ist zum Grund allen Seins geworden.

Nun könnte man fragen: Ist die Liebe erst seit dem Tod Jesu der Grund allen Seins oder ist sie es schon seit der Schöpfung? Ich würde antworten: Gott hat die Liebe schon in der Schöpfung als die Grundgestalt in alles hineingelegt. Aber die Menschen haben das Gespür dafür verloren. Sie haben die Welt als Feind gesehen, den sie beherrschen müssen. Durch den Tod Jesu am Kreuz ist die Liebe neu ausgegossen worden in alle Welt, damit wir die Welt mit neuen Augen sehen, damit wir in allem, was ist, Gottes Liebe erkennen. Aber Gottes Liebe hat für uns Christen durch die Person Jesu, durch sein Verhalten, durch seine Art zu sprechen und auf die Menschen einzugehen und durch seine Hingabe am Kreuz eine neue Qualität bekommen: es ist die Qualität von Barmherzigkeit, Zärtlichkeit, Achtsamkeit und Vertrauen.

Johannes spricht seine Botschaft von der Liebe Jesu, die stärker ist als der Tod, hinein in eine Welt der Entfremdung. Der Mensch hat sich von seinem Wesen entfremdet.

Entfremdung meint das, was Gerald Hüther beschreibt als Benutzen des anderen als Objekt, anstatt ihn als Subjekt gelten zu lassen. Johannes beschreibt diese Entfremdung so: Der Mensch hat sich von der Liebe als der Grundkraft, die die Welt durchwirkt, entfremdet und abgeschnitten. Erlösung besteht für Johannes darin, dass der Mensch wieder mit dieser Liebe in Berührung kommt. Jesus, der am Kreuz die Liebe bis zur Vollendung darstellt, der am Kreuz selbst die Brutalität der Mörder noch mit seiner Liebe verwandelt, ist für uns der Weg, wieder in Verbindung zu kommen mit der Liebe, die die ganze Welt durchdringt. Das gibt unserem Leben einen neuen Geschmack.

Johannes hat das in seiner Erzählung von der Hochzeit zu Kana zum Ausdruck gebracht. Der Mensch, der von der Liebe getrennt ist, ist zu einem schalen Wasser geworden. In Jesus feiert Gott die Hochzeit zwischen Gott und dem Menschen. Und dieses Einswerden mit Gott gibt unserem Leben einen neuen Geschmack, den Geschmack des Weines, den Geschmack der Liebe.

Johannes im Dialog mit der Gnosis und mit anderen Religionen

Johannes hat mit seinem Evangelium und seinen Briefen eine Antwort auf die Gnosis gegeben. Die Gnosis war eine weit verbreitete Weise der Spiritualität, teilweise christlich, teilweise außerchristlich. Gnosis war die Sehnsucht nach

Erleuchtung, nach Ekstase, nach Mystik. Und Gnosis war die Sehnsucht nach Einswerden. Der Mensch wollte eins werden mit Gott, aber in Gott auch eine All-Einheit spüren.

Diese Faszination für das Einswerden verbindet die Gnosis mit den Gedanken griechischer Philosophen. Da ist vor allem Empedokles. Für ihn ist die Liebe die Macht der Vereinigung. Die Liebe vereint alles, was getrennt ist. Sie ist der Seinsgrund der ganzen Welt. Die Neuplatoniker, die in den ersten Jahrhunderten viele christlichen Theologen fasziniert haben – vor allem auch Augustinus –, verstanden die Liebe als die Kraft, die den Menschen mit Gott vereint. Die Liebe ist für die Neuplatoniker aber auch die Kraft, die alles Seiende miteinander verbindet, die also die ganze Schöpfung zusammenhält. Diese Sicht der Neuplatoniker hat im Dialog mit dem Johannesevangelium der christliche Theologe Dionysius Areopagita übernommen. Er meint, die Welt verdankt sich der Liebe. Die Liebe stellt sich in der Welt dar und zwar so, »dass die Schönheit und Gutheit Gottes alle Stufen der Welt durchwaltet« (Scherer TRE 188). Die neuplatonische Sicht der Kirchenväter verbindet die Liebe mit der Schönheit. Die ganze Welt ist »eine vom Glanz des Schönen erfüllte Ordnung« (Ebd. 189). So öffnet uns die Liebe für das Geheimnis der Welt, für ihre innere Schönheit und für die Ordnung, die allem eingeprägt ist. Ähnlich sieht es Thomas von Aquin, für den die Liebe auch kosmische Bedeutung hat. In ihr erlebt der Mensch die Verwandtschaft zu allem, was ist. In der Renaissance versteht Marsilio Ficino die Liebe als das Prinzip des Universums. Sie durchdringt alles.

Diese Sicht des Johannes, vertieft durch den Dialog mit der Gnosis bei den Kirchenvätern der ersten Jahrhunderte, können wir nun auch im Dialog mit anderen Religionen erweitern. Der Hinduismus spricht von »bhakti«, einer Liebe, die alles miteinander verbindet. In der Liebe überschreitet sich Gott in die Welt hinein und spielt »in der Welt ein Spiel der Liebe« (Gerlitz TRE 123). Die Buddhisten kennen zwei Begriffe von Liebe, die dem Verständnis des Johannesevangeliums in etwa antworten: »metta« ist »die allumfassende Güte« und »karuna« ist »das Mitleiden mit den Wesen«. »Metta« ist die Liebe, die alles umfasst und durchdringt, und »karuna« ist die Reaktion des Menschen. Indem er sich mit allem eins fühlt und mit allem mitfühlt, wird er eins mit dem Urgrund allen Seins. Und dieser Urgrund allen Seins ist die Liebe, die allumfassende Güte.

Die chinesische Philosophie kennt zwei Begriffe von Liebe: »hsiao« und »jen«. Beide Begriffe werden zunächst als moralische Werte verstanden. Aber beide sind auch »das kosmische Gesetz und das Fundament jeglichen Handelns auf der Erde. Sie vereinen Himmel und Erde und bilden eine Hierarchie, die vom Himmel ausgeht und in der Familie endet« (ebd. 125). Wir vermögen nur deshalb einander zu lieben, weil die Liebe eine Kraft ist, die allem Sein zugrunde liegt.

Im Islam wird Gott oft als der Liebende und Barmherzige beschrieben. Im Islam ist die Liebe Gottes zum Menschen von einem Ich-Du-Denken geprägt, ähnlich wie im Christentum. Aber der Islam kennt – wie das Christentum – auch eine mystische Deutung. Sie wird vor allem vom Sufismus vertreten. Der Sufismus hat durchaus christliche Einflüsse in sich aufgenommen und kennt eine Liebesmystik, die im Einswerden mit Gott mündet, in der »unio mystica«, von der auch die christliche Mystik spricht. In dieser mystischen Liebe geschieht »die Aufhebung des Ichbewußtseins und aller Unterschiede in den Religionen« (Ebd. 126).

Das Johannesevangelium ist das mystische Evangelium. Und die Mystik hebt alle Unterschiede der Religionen auf. Sie verwischt nicht die verschiedenen theologischen Deutungen. Die Sprache der Religionen bleibt nach wie vor unterschiedlich. Aber die Erfahrung, auf die die Mystik in allen Religionen verweist, ist die gleiche: die Erfahrung eines Einsseins mit dem Grund aller Dinge, mit der Liebe, die auf dem Grund aller Wirklichkeit als die alles einende Kraft wirkt. Und diese Liebe ist – so sagt es Johannes ganz deutlich – Gott selbst. Gott drückt sich in der Liebe aus. Gott ist Liebe. Und in der Liebe berühren wir immer Gott, ja sind wir in Gott.

Die Liebe als Seinsgrund bei Teilhard de Chardin

Pierre Teilhard de Chardin, der französische Jesuit und Naturforscher (1881–1955), hat in seiner Theologie versucht, seine Liebe zur Materie mit der Lehre von Christus als dem Grund allen Seins zu verbinden. Die Szene im Johannesevangelium, in der aus dem durchbohrten Herzen Jesu Blut und Wasser fließen, wird für ihn zur zentralen Aussage über die Liebe in der Welt. Für Teilhard durchdringt die Liebe, die aus dem Herzen Jesu fließt, die ganze Welt, auch die Materie. Er spricht von Amorisation. Die ganze Welt, auch die Materie, ist von der Liebe Jesu durchdrungen. Wir treffen also überall in der Welt auf die Liebe als den tiefsten Seinsgrund.

Teilhard spricht vom »göttlichen Milieu«. Die innerste Wirklichkeit der Welt ist für Teilhard Christus selbst. Christus aber ist die menschgewordene Liebe Gottes. Die Liebe als den Grund der Welt zu erfahren, soll uns zu einem neuen Handeln führen. Alles Forschen – für Teilhard war es die Erforschung der Natur, er hat mitgearbeitet bei der Entdeckung und Erforschung der ersten Menschen, so wie sie in China und in Südafrika gefunden worden sind – ist Ausdruck der Liebe, die alles vereint. Teilhard sagt von dieser Liebe: »Die Liebe ist die einzige Kraft, die Dinge vereinigen kann, ohne sie zu zerstören« (Teilhard in Halík 2015). Manche Revolutionen wollten eine neue Einheit der Menschen untereinander. Aber ihre Wege gingen über die Zerstörung des Bisherigen. So ist es geschehen in der Französischen Revolution. Sie wollte Brüderlichkeit und Liebe. Aber ihr Weg ging über die gewaltsame Zerstörung. Die Liebe schafft eine Revolution zur Einheit hin, die nicht zerstört. Die Liebe ist für Teilhard die Kraft, die alle Kräfte der Erde auf ein einziges Ziel hin vereinigt. Er nennt dieses Ziel »Omega« oder den »Christus universalis«. In allem ist Christus, in allem ist die menschgewordene Liebe Gottes als der tiefste Grund des Daseins.

An einer anderen Stelle sagt Teilhard: »Allein die Liebe ist fähig, das Sein zu bewegen« (Teilhard 1988:148). Die Liebe ist die innerste Kraft, die die auseinanderstrebende Welt miteinander verbindet, die auch im Menschen die Antipoden von Geist und Materie miteinander verbindet. Die Liebe ist die Kraft, die Gott und Mensch, die Gott und Materie vereinigt, ohne das je Eigene aufzulösen. An einer Stelle zitiert Teilhard einen Satz der Theologie: »diligentibus omnia convertuntur in bonum« – Den Liebenden wandelt sich alles zum Guten. Und er führt es weiter: »noch klarer ›convertuntur in Deum‹ und ganz explizit ›convertuntur in Christum‹« (Teilhard 1969:145). Wer liebt, dem wandelt sich alles in Gott, ja noch konkreter: in Christus hinein. Für den wird Christus in allem erfahrbar. Der erfährt die Liebe in aller Materie als den letzten Grund. Für Teilhard ist die ganze Schöpfung von der Gnade Gottes erfüllt. Diese Gnade ist der wahre Saft, der die Welt durchpulst. Und sie ist identisch mit der Liebe, »von der die Schrift uns sagt, dass sie eines Tages allein als das einzige beständige Prinzip der Natur und der Kräfte bleiben wird«. (Ebd. 142)

»Das wesentliche Streben aller Mystik: *sich vereinigen* (d. h. der Andere werden), *indem man sein Selbst bleibt*« (ebd. 134). Das Wesen christlicher Mystik ist die Liebe, von der Teilhard sagt, dass sie »Prinzip und Wirkung aller geistigen Verbindung« ist (ebd. 176). Die Liebe will uns Menschen miteinander verbinden. Und sie will uns mit der Materie und mit der ganzen Schöpfung verbinden. Teilhard betont immer wieder, dass wir die mystische Vereinigung mit Gott nur erleben können, wenn wir uns zugleich mit allen Menschen innerlich verbinden.

Das Geheimnis, dass die ganze Welt von der Liebe Gottes durchdrungen ist, wie sie in Christus in ihrer klarsten Weise aufgeleuchtet ist, sieht Teilhard vor allem in der Eucharistie verwirklicht. Das verwandelte Brot, der verwandelte Wein sind für ihn ein Zeichen, dass Christus mit seiner Liebe alle Materie durchdringt und verwandelt. Diese Erfahrung hat Teilhard gemacht, als er ganz allein in einer Dorfkirche kniete und auf die Monstranz schaute, die die verwandelte weiße Hostie dem Beschauer zeigte. Indem er auf die weiße Hostie schaut, hat er den Eindruck, dass die Weiße sich ausbreitet, die ganze Kirche erfüllt, ja über die Kirche hinausgeht und die ganze Natur durchdringt. »So umhüllte mich, inmitten eines großen Seufzens, das an ein Erwachen oder an eine Klage denken ließ, der Strom von Weiße, er ging über mich hinaus und überflutete alle Dinge … Es war, als ob eine milchige Klarheit das Universum von innen her erleuchtete. Alles schien aus ein und derselben Art durchscheinenden Fleisches geformt zu sein … Durch die geheimnisvolle Ausweitung der Hostie also war die Welt aufgeglüht – in ihrer Totalität, ähnlich einer einzigen großen Hostie« (Teilhard 1964:54 ff.). In dieser Weiße durchdrang die Liebe Christi die ganze Welt, auch die Materie. »Im Bereich der Liebe vollzog sich eine Transformation, sie weitete, reinigte, fing alle im Universum enthaltene Liebeskraft ein. Ich konnte das umso besser sehen, als eine Kraft in mir ebenso wie in allem übrigen wirkte: der weiße Schimmer war aktiv! Die

Weiße verzehrte alles von innen her! – Sie hatte sich, auf den Wegen der Materie, bis in das Innerste der Herzen eingeschlichen – sie hat sie bis zum Zerreißen ausgeweitet, nur um in sich die Substanz ihrer Zuneigungen und ihrer Leidenschaften aufzusaugen« (ebd. 57 f.).

Teilhard entwickelt nicht nur eine Theologie der Liebe, die alles durchdringt und alles miteinander vereint. Er macht in seiner Spiritualität die Erfahrungen dieser Liebe, die alles verwandelt und miteinander verbindet. Spiritualität bedeutet für Teilhard, immer auch sich der Welt zuwenden und in der Welt die Liebe Gottes zu entdecken, die alles durchdringt. Aber zugleich verlangt die Spiritualität, dass ich mich für diese Welt einsetze, für die Materie, für die Pflanzen und Tiere und für die Menschen. Denn alle sind wir von dieser Liebe Gottes durchdrungen. Und wir können unsere Spiritualität nicht leben, ohne diese tiefe Verbindung mit allem Sein durch unsere Liebe konkret zum Ausdruck zu bringen.

2. Die Liebe als verwandelnde Kraft

Die Liebe bei Paulus im Dialog mit der griechischen Philosophie

Paulus hat im 1. Korintherbrief im 13. Kapitel das Hohe Lied der Liebe gesungen. Oft ist dieser Text bei Hochzeiten vorgelesen worden. Aber in diesem Text geht es nicht speziell um die Liebe zwischen Mann und Frau, auch nicht um die Nächstenliebe, auch nicht um die Gottesliebe. Wir können den Text des hl. Paulus erst verstehen, wenn wir ihn mit Texten der griechischen Philosophie vergleichen.

Paulus spricht ähnlich wie die Griechen von der Macht der Liebe. Er deutet diese Macht christlich als Gabe des Heiligen Geistes. Er spricht davon, dass die Liebe Gottes in unsere Herzen ausgegossen ist durch den Heiligen Geist (vgl. Röm 5,5). Paulus nennt die Liebe ein Charisma, eine Begabung, eine Befähigung des Menschen und zugleich eine Gabe Gottes an den Menschen. Sie macht den Menschen erst zum Menschen. Sie bewirkt in ihm all die Haltungen, die ihm guttun: »Die Liebe ist langmütig, die Liebe ist gütig. Sie ereifert sich nicht, sie prahlt nicht, sie bläht sich nicht auf« (1 Kor 13,4). Das sind keine moralischen Forderungen, die Paulus aufstellt. Vielmehr will er uns beschreiben, was die Liebe als die Kraft, die dem Menschen geschenkt ist, in ihm bewirkt. Sie ist eine revolutionäre Kraft. Das wird deutlich in den Worten: »Die Liebe erträgt alles, glaubt alles, hofft alles, hält allem stand« (1 Kor 13,7). Sie ist die Kraft, die den Umwälzungsprozess einer Revolution erträgt, die trotz aller Rückschläge vertraut und auf ein Besserwerden hofft, und die allem standhält, was sich der Umwandlung in den Weg stellt.

Paulus schreibt diesen Text im bewussten oder unbewussten Gespräch mit der damaligen Philosophie. Paulus war gebildet nicht nur in der jüdischen Theologie, sondern auch in der griechischen Philosophie. Seine Briefe lassen darauf schließen, dass er vor allem die stoische Philosophie gut kannte. Und er wollte, dass die Christen die ethischen Forderungen der stoischen Philosophie durch ihren Lebenswandel übertrafen. So schreibt er an die Philipper, eine griechische Gemeinde: »Was immer wahrhaft, edel, recht, was lauter, liebenswert, ansprechend ist, was Tugend heißt und lobenswert ist, darauf seid bedacht!« (Phil 4,8). Das ist eine Zusammenfassung dessen, was die stoische Philosophie von ihren Anhängern erwartet. Doch in seinem Lied auf die Liebe bezieht sich Paulus weniger auf die ethische Dimension der Liebe. Er beschreibt die Liebe vielmehr – ähnlich wie griechische Philosophen – als eine eigene Macht, als eine Quelle, aus der der Mensch schöpft, als eine Kraft, die den Menschen antreibt. Sein Text über die Liebe erinnert an philosophische Texte der damaligen Zeit über das Geheimnis der Liebe.

So besingt Platon, der wohl größte griechische Philosoph, die Liebe als eine Macht, die im Menschen vieles vermag, mit den Worten:

»So, mein Phaidros, erscheint mir der Eros: Vor allem er selbst der Schönste und Beste, um dann allen anderen eben diese Gabe zu spenden. Es kommt mich an, auch in Versen von ihm zu sprechen; er ist es, der da schafft Frieden unter den Menschen und reglose Glätte dem Meere, Zauberisch Schweigen in Stürmen und leidlos ruhigen Schlummer.

Er befreit uns von der Fremdheit; macht uns reich an Vertrautheit.« (zit. Conzelmann 1969:259)

Ähnlich klingt im Lied des Paulus ein Text von Maximus von Tyrus: »Die Liebe hasst nichts so sehr wie Zwang und Furcht. Und sie ist stolz und vollkommen frei und freier sogar als Sparta. Denn von allem unter den Menschen ist es allein die Liebe, wenn sie rein bei jemandem wohnt, die keinen Reichtum bestaunt, keinen Tyrannen fürchtet, vor keinem Thron erschrickt, kein Gericht scheut, nicht flieht vor dem Tod. Keine Bestie schreckt sie, kein Feuer, kein Abgrund, kein Meer, kein Schwert, kein Strick. Sondern sogar das Unpassierbare ist ihr passierbar und das Mächtige bezwingbar und das Schreckliche annehmbar und das Schwere tragbar. … Überall wagt sie, alles überblickt sie, alles beherrscht sie« (zit. ebd. 260).

In beiden Texten wird die Liebe als Gabe Gottes verstanden, die das Leben des Menschen prägt und ihm einen neuen Geschmack gibt. Wer von der Liebe erfüllt ist, dem können die Turbulenzen des Lebens nichts anhaben. Er verliert das Gefühl der inneren Entfremdung. Er kommt mit sich selbst in Berührung. Er spürt seine eigene Mitte. Platon spricht in Bildern von der Liebe. Die Liebe schenkt Frieden zwischen den Menschen und sie bringt uns mitten in den Turbulenzen dieser Welt mit dem inneren Raum der Stille in Berührung. Die Liebe eröffnet in unserem Herzen einen Raum, in dem wir Ruhe finden. Und sie bringt uns in Berührung mit unserem wahren Wesen. Sie macht uns vertraut mit uns selbst, mit dem inneren und ursprünglichen Bild, das Gott sich von uns gemacht hat. Bei Maximus von Tyrus erscheint die Liebe als Kraft und Macht, der nichts in der Welt widerstehen kann. Obwohl die Liebe keine Waffen hat, fürchten sich Tyrannen vor ihr.

Dieses Thema taucht bei griechischen Schriftstellern immer wieder auf. So heißt es in den anakreontischen Liedern: »Weder Kavallerie noch Infanterie, noch die Marine hat mich vernichtet, nein, es war eine andere, neue Streitmacht, die mich niedergestreckt allein mit den Augen.« Die Liebe findet einen Weg zum andern Menschen, der sonst verschlossen wäre. Die Liebe hat also eine revolutionäre Kraft, die stärker ist als die Waffen des Krieges. Sie kann die Kriege besiegen. Dieses Vertrauen in die revolutionäre Kraft der Liebe möchten uns die Texte der griechischen Philosophen vermitteln, genauso wie das Hohelied der Liebe, das Paulus uns vorsingt. Die Verbindung von Paulus und Maximus wird deutlich in dem ähnlichen Schluss ihres Loblieds auf die Liebe. Maximus beendet seinen Text mit einem dreifachen »alles bzw. überall«. Paulus greift das auf und schließt seinen Hymnus auf die Liebe in ähnlichen Worten: »Sie erträgt alles, glaubt alles, hofft alles, hält allem stand« (1 Kor 13,7).

Platon beschreibt sein Verständnis der Liebe, indem er verschiedene Teilnehmer an seinem Symposium zu Worte kommen lässt. Da ist zunächst Eryximachos. Er sieht den Eros gleichsam als kosmische Kraft. Der Eros bezieht sich nicht nur auf die Liebe zwischen Mann und Frau, sondern er durchdringt die ganze belebte und unbelebte Natur und ruft in allem Harmonie hervor. Die Liebe ist das Seinsgesetz. Sie führt alles zusammen und möchte alle Gegensätze des Lebens, sei es in der belebten oder unbelebten Natur, in der Ökonomie, in der Kunst oder in der Gymnastik, zum Einklang, zur Harmonie bringen.

Aristophanes sieht in der Liebe die Seinsstruktur des Menschen. Er erzählt den Mythos, dass ursprünglich Mann und Frau kugelförmig zusammen ein Wesen bildeten. Da Zeus Angst hatte, diese Übermenschen könnten den Göttern gefährlich werden, ließ er sie auseinander schneiden. Daraus entstand der Eros als die Sehnsucht der einen nach ihrer ursprünglichen anderen Hälfte. Platon deutet diesen Mythos so, dass die Liebe vom Ursprung her zum Menschen gehört. »Begegnet er seiner ursprünglichen Hälfte in glücklicher Liebe, so begegnet er seinem eigenen Selbst und bejaht es« (Hirschberger 1982:34). Die Liebe führt den Menschen also zu seinem wahren Selbst.

Was Platon selbst über den Eros denkt, entfaltet er in der Verteidigungsrede, die er in seinen Schriften seiner Sokrates-Gestalt zuschreibt. Für Sokrates ist Eros kein Gott, sondern ein Mittelwesen zwischen Gott und Mensch. Die Liebe will den Menschen mit dem Guten in Berührung bringen. Und der Eros ist die Kraft, die das Schöne zeugt. Die Menschen tragen im Eros eine Zeugungskraft in sich, sowohl dem Körper als auch der Seele nach. Die Zeugungskraft des Körpers vereinigt sich mit dem Körper der Frau und zeugt so immer wieder ein Neues. Dadurch hat der sterbliche Mensch Anteil am Unsterblichen. Aber auch die Seele zeugt Erkenntnis und geistige Werte. Dichter, Künstler und Philosophen geht es nicht mehr nur um die Schönheit einzelner Körper, sondern um die Schau der Schönheit an sich. Die Liebe steigt von der Konkretheit der schönen Körper zum Urschönen auf, das allen Dingen zugrunde liegt. Das höchste Glück des Menschen besteht darin, das Urschöne zu schauen.

Hier wird ein wichtiger Zusammenhang zwischen Liebe und Schönheit gesehen. Schön kommt von schauen. Wenn ich mich liebevoll anschaue, bin ich schön. Und wenn ich einen anderen liebevoll anschaue, ist er für mich schön. Hässlich ist nur der, der sich selbst hasst. Wer andere hasst, macht sie hässlich. Schönheit – so sagt der russische Dichter Dostojewski – wird die Welt retten. Indem wir in der Liebe die Schönheit der Welt schauen, gehen wir auch behutsam mit ihr um. Dann schonen wir die Welt. Schön kommt nicht nur von schauen, sondern auch von schonen. Die Liebe führt zu einem schonenden Umgang mit der Welt und erkennt gerade so ihre Schönheit.

Platon versteht den Eros als die mächtige Kraft, die das Getrennte miteinander verbindet. Sie ist der Drang nach Vereinigung. Das ist auch für uns das Wesen der Liebe: Sie verbindet das, was gespalten ist. Sie bringt die Menschen zusammen. Was Paulus und Platon von der Liebe als Macht geschrieben haben, haben die Kirchenväter weiter entfaltet. Manche moderne Exegeten – vor allem evangelische – sehen einen Gegensatz zwischen der Agape als der reinen Gottesliebe und dem Eros als der begehrlichen Liebe. Doch die Kirchenväter möchten den Gegensatz zwischen Eros und Agape überbrücken. Sie sprechen nicht nur von der Agape (lateinisch: caritas oder dilectio) Gottes, sondern vom Eros (amor), der Gottes Liebe zu uns Menschen prägt. Origenes kann die Definition des Johannes: »Gott ist Agape« umformen in: »Gott ist Eros«. Gott liebt die Menschen leidenschaftlich. Und auch unsere Liebe zu Gott soll von der Glut des Eros, des Amor, geprägt sein.

Für mich ist das nicht einfach nur Theologiegeschichte. Vielmehr sehe ich darin den Versuch, die von Gott geschenkte Liebe, die durch den Heiligen Geist in uns wirkt, mit der natürlichen Liebe und mit der Kraft des Eros zu verbinden. Ohne Eros wird unsere Liebe farblos. Ohne Eros hätte unsere Liebe nicht die Kraft, das Getrennte miteinander zu verbinden. Es braucht die Leidenschaft des Eros, damit in unserer Welt politische und gesellschaftliche Spaltungen überwunden werden. Die Liebe ist nicht nur etwas Sanftes und Kraftloses, sondern der leidenschaftliche Drang zur Vereinigung, so wie ihn die griechische Mythologie im Eros gesehen hat.

Die ganze Theologiegeschichte durchzieht der Versuch, die beiden Pole von Eros und Agape miteinander zu verbinden. Für mich bedeutet das, dass ich über die Liebe nicht nur rein psychologisch spreche, sondern immer auch die spirituelle Dimension im Auge behalte. Dabei möchte ich zwei verschiedene Auffassungen von Liebe in der mittelalterlichen Theologie benennen: Man unterscheidet zwischen physischer und ekstatischer Liebe. Die physische Liebe wird von Thomas von Aquin vertreten. Für Thomas ist die Liebe die dem Menschen naturgemäße Neigung, die in Gott immer auch das unendliche Gut liebt, das uns beglückt. Unsere Liebe zu Gott und zur Welt tut also auch immer uns selbst gut, weil sie uns glücklich macht. Johannes Scotus Eriugena versteht die Liebe ekstatisch. Sie ist »das ekstatische Herausbrechen des Liebenden aus sich selbst, durch das er sich selbst vergisst« (Rahner 239). Die Liebe ist die natürliche Kraft, die alle Dinge bewegt. Und Gott ist letztlich die Ursache aller Liebe. Die Liebe bewegt die Menschen zueinander. Die Liebe ist der tiefste Beweggrund der Geschichte. Dieses Verständnis der Liebe wurde vor allem von der christlichen Mystik vertreten. Ich denke, beide Auffassungen beschreiben einen wichtigen Aspekt der Liebe. Wir müssen keinen Gegensatz zwischen beiden theologischen Konzepten aufbauen.

Für Platon ist die Liebe eine göttliche Kraft, die das ganze Sein der Welt durchdringt und die dazu führt, dass die Welt nicht auseinanderfällt, sondern das Getrennte sich immer wieder miteinander verbindet. Diese Lehre Platons hat in unserer Zeit vor allem Gabriel Marcel wiederaufgegriffen. Für den französischen Philosophen ist Liebe mit dem Sein identisch. Die Liebe ist der Urgrund allen Seins. Sie ist in allem präsent. Die Liebe ist auch der Grund des menschlichen Seins. Das bedeutet nicht nur, »dass jeder alles aus der Liebe empfängt, sondern auch, dass jeder alles, was er ist und hat, erst und allein liebend ganz innehat, während ohne Liebe ihm alles entgleitet und er zuletzt vor dem Nichts steht« (Lotz 1982:24). Die Liebe ist bei Gabriel Marcel der Grund unserer menschlichen Existenz. Ohne Liebe finden wir nicht zu unserem wahren Selbst. Wir gewinnen das, was Gott uns geschenkt hat, erst in der Liebe. Ob es die Liebe in der Ehe oder in der Freundschaft ist, oder die Liebe Gottes zu uns oder unsere Liebe zu Gott, in allem erfahren wir etwas von der Liebe als Sein, die alles vollendet und ganz macht. Gabriel Marcel kennt die Unterscheidung zwischen Sein und Haben, die dann später Erich Fromm für seine Kunst des Liebens wieder aufgreifen wird. Wer die Existenzweise des Seins verwirklicht, der hat teil an der Liebe. Denn Sein und Liebe sind miteinander eins. Ich kann Liebe nicht einfach haben wie einen Besitz. Vielmehr geht es darum, Liebe zu sein und durch die Liebe ein neues Sein zu erfahren. Wer sich in der Liebe für den andern öffnet, der hat teil am absoluten Sein als Liebe. Er erfährt sich »in der Gegenwart des Lichtes, in der Fülle des Seins« (Scherer 130). Menschen, die einander lieben, berühren in ihrer Gegenseitigkeit das Ewige. Und die Liebe ist auch die Kraft, die den Tod überwindet, die stärker ist als der Tod. Gabriel Marcel meint, Liebe würde bedeuten, zum Geliebten zu sagen: »Du, du wirst nicht sterben.« Wir werden auch im Tod nicht aus der Liebe fallen. Im Gegenteil, im Tod werden wir die Liebe in ihrer reinen Form, in ihrem reinen Sein, erfahren.

Das Liebesgebot Jesu

Wir alle kennen die Antwort, die Jesus dem Pharisäer gibt, der ihm nach dem wichtigsten Gebot fragt: »Du sollst den Herrn, deinen Gott, lieben mit ganzem Herzen, mit ganzer Seele und mit all deinen Gedanken. Das ist das wichtigste und erste Gebot. Ebenso wichtig ist das zweite: Du sollst deinen Nächsten lieben wie dich selbst« (Mt 22,37–39). Interessant ist, wie hier die Liebe zu Gott beschrieben wird. Die Liebe prägt das Herz, die Seele und das Denken. Alle Seelenkräfte des Menschen werden durch die Liebe miteinander eins. Für Karl Rahner ist auf dem Hintergrund dieses Textes die Liebe »ein die ganze Existenz des Menschen integrierender Akt« (Rahner 246). Die Liebe ist also nicht nur eine Forderung. Sie ist vielmehr auch heilsam für den Menschen. Sie macht ihn zu einem ganzen Menschen. Sie verbindet in ihm Herz, Seele und Denken. Ohne Liebe fällt der Mensch in seinen Seelenkräften auseinander. Meister Eckehart sieht das gleiche Phänomen von einer anderen Seite her.

Die Liebe ist für den deutschen Mystiker die Erfahrung der Einheit mit Gott: »Durch das Erkennen nehme ich Gott in mich hinein; durch die Liebe hingegen gehe ich in Gott ein … Gott und ich, wir sind eins in solchem Wirken« (Lutz 273 – Predigt 7 über Sap 5,16, Meister Eckehart 1976:186f.).

Diese einende Kraft der Liebe, die sowohl Gott mit dem Menschen als auch den Menschen mit sich selbst und seinen Seelenkräften als auch die Menschen miteinander vereint, wird auch im Gebot der Feindesliebe erkennbar. Jesus begründet die Feindesliebe im Matthäusevangelium mit einem Bild: »Liebt eure Feinde und betet für die, die euch verfolgen, damit ihr Söhne eures Vaters im Himmel werdet, denn er lässt seine Sonne aufgehen über Bösen und Guten, und er lässt regnen über Gerechte und Ungerechte« (Mt 5,44 f.). In der Liebe zu den Feinden, die die Gegensätze und Spaltungen zwischen den Menschen überwinden will, sollen wir Gott nachahmen. Gott verbindet die Menschen miteinander, indem er seine Sonne über allen scheinen und es über alle regnen lässt. Die Liebe ist also wie die Kraft der Sonne, die die Kälte der menschlichen Herzen zum Schmelzen bringt, und wie die Kraft des Regens, der die Grenzen zwischen den Menschen aufweicht. Liebe – und in ihrer höchsten Form die Feindesliebe – ist also für Matthäus eine Nachahmung Gottes, der uns in der Natur zeigt, was das Geheimnis der Liebe ist. Die Natur ist von Gottes Liebe durchdrungen. Die Sonne und der Regen sind Bilder dieser Liebe, die alle Trennungen zu überwinden vermag.

Für C.G. Jung ist diese Feindesliebe durchaus auch psychologisch möglich. Aber sie gelingt nur dann, wenn wir zuerst den Feind in uns selbst lieben, wenn wir die Sonne unseres Wohlwollens über das Gute und Böse in uns leuchten und den Regen unserer Liebe über das Gerechte und Ungerechte in uns fallen lassen. Wir müssen erst die Spaltung im eigenen Herzen überwinden, bevor wir fähig werden, den Feind außen zu lieben.

Dass die Feindesliebe heute im Zeichen des Terrorismus immer drängender wird, haben heute viele Menschen erkannt. Wir können die Gewalt nicht mit Gewalt überwinden, sondern nur durch eine Liebe, die über die Grenzen hinweggeht, die Brücken baut, Spaltungen überwindet und das Getrennte miteinander verbindet und so die Feinde zu Freunden macht und zur Einheit führt.

Jesus hat nicht nur die Feindesliebe gepredigt, sondern sie auch selbst vorgelebt. Der Ort, an dem seine Feindesliebe am klarsten erscheint, ist das Kreuz. John Sanford, Psychologe und Theologe, meint, am Kreuz habe Jesus ein neues Bewusstsein geschaffen und das Bewusstsein der Menschheit verwandelt. Ein neues Bewusstsein wird nicht einfach durch Lernen oder eine intellektuelle Einsicht geschaffen, sondern allein durch Liebe. Aber Sanford meint zugleich, dass am Kreuz diese Liebe auch gelitten hat. Leiden und Liebe hätten eine verwandelnde Kraft: »Die Liebe, die sowohl schön als auch schmerzhaft ist, eröffnet ein weiteres Bewusstsein und verschmilzt schließlich mit der göttlichen Liebe, um die Seele zu veredeln« (Sanford 1998:203). Und Sanford zieht die Evolutionsforschung hinzu, um zu erklären, dass die Liebe Jesu, die am Kreuz über den Hass gesiegt hat, das Bewusstsein der Menschheit verwandelt hat: »Es gibt immer mehr Belege dafür, dass ein neues Bewusstsein oder eine neue biologische Anpassung, die ein einzelnes Mitglied einer Spezies erreicht hat, sogleich anderen Mitgliedern der Spezies verfügbar wird, auch wenn sie keinen direkten Kontakt mit dem ›Vorreiter‹ haben … In ähnlicher

Weise mag sich das Bewusstsein Christi über die spirituelle Welt ausgebreitet haben. Dadurch bringt es unsere Möglichkeiten zu Bewusstseinswachstum und zu einer vertieften Beziehung zu Gott erheblich voran« (Sanford 1998:206). Durch die Feindesliebe, die im Tod Jesu am Kreuz für alle Menschen sichtbar geworden ist, hat Jesus etwas Neues in diese Welt gebracht. Er hat uns, die wir blind für die Macht der Liebe waren, die Augen geöffnet für eine Liebe, die selbst den Hass zu überwinden vermag.

Jesus hat die Feindesliebe nicht nur verkündet und vorgelebt. Er hat uns auch konkrete Wege aufgezeigt, wie wir die Feindesliebe verwirklichen können. Gerade dem Evangelisten Lukas ist es ein Anliegen, die Forderungen Jesu immer konkret in unseren Alltag hinein zu übersetzen. So sagt Jesus bei Lukas: »Euch, die ihr mir zuhört, sage ich: Liebt eure Feinde; tut denen Gutes, die euch hassen. Segnet die, die euch verfluchen; betet für die, die euch misshandeln« (Lk 6,27 f.). Es sind demnach drei Verhaltensweisen, wie wir die Feindesliebe praktizieren können. Die erste: denen, die uns hassen, etwas Gutes tun. Wenn wir dem Menschen, der uns hasst, etwas Gutes tun, verunsichern wir ihn. Wir lassen die Mauern der Feindschaft bröckeln, hinter denen er sich versteckt hat. Das Gute kann in ihm einen Wandlungsprozess in Gang setzen. Wenn wir ihn gut behandeln, fühlt er sich auf einmal nicht mehr als unser Feind. Unsere Freundschaft kann seine Feindschaft in Freundschaft verwandeln.

Die zweite Verhaltensweise: die zu segnen, die uns verfluchen, die schlecht von uns reden, die uns verletzen. Bei Kursen mache ich die Übung: Jeder Teilnehmer soll sich einen Menschen aussuchen, der ihn in letzter Zeit verletzt hat. Und den sollte er dann segnen. Eine Frau sagte, das könne sie unmöglich, der Mann habe sie so tief verletzt. Ich sagte, sie solle es einmal probieren. Sie stellte sich hin, erhob ihre Hände zum Segen und stellte sich vor, wie der Segen Gottes durch ihre Hände zu diesem Mann strömte. Da spürte sie auf einmal: Der Segen wurde wie ein Schutzschild für sie, der sie schützte vor der Verletzung des andern. Und sie meinte: »Ich bin ausgestiegen aus der Opferrolle. Ich habe aufgehört, zu jammern, wie schlimm der andere sei. Ich habe mich aufgerichtet und eine aktive Energie zum andern geschickt. Das hat mir selbst gutgetan.« Diesen Weg des Segnens können wir jeden Morgen üben. Wir segnen die, mit denen wir zusammenleben, mit denen und für die wir arbeiten. Und wir segnen die, mit denen wir uns schwertun. Das wird unseren Alltag verwandeln. Wir werden spüren, dass die Liebe, die im Segen zum andern strömt, auch uns guttut. Und dass sie eine revolutionäre Kraft in sich hat. Sie bricht festgefahrene Beziehungen auf für ein neues Miteinander.

Der dritte Weg, wie wir Feindesliebe praktizieren können, ist für den zu beten, der mich verletzt. Ich soll für den andern beten und nicht gegen ihn. Wenn ich bete, der andere solle endlich einsehen, dass ich Recht habe und er mich verletzt hat, dann ist das ein Gebet gegen ihn. Für ihn beten heißt, dass ich ihm wünsche, dass er in Frieden kommt mit sich selbst, dass die Liebe Gottes ihn durchdringt und er so zum Einklang findet mit sich selbst. Auch das Gebet für den Feind wird meine Beziehung zu ihm verwandeln. Ich werde anders auf ihn zugehen können. Und das wird oft genug auch den anderen verwandeln. Denn der andere merkt ja, in welcher Haltung wir ihm begegnen. Wenn wir ihn innerlich ablehnen, wird er uns auch ablehnen. Wenn wir durch das Gebet innerlich offen für ihn geworden sind, wird es auch ihn für uns öffnen und ein neues Miteinander wird möglich.

Feindesliebe ist also nicht etwas Unmögliches. Wenn wir sie im Sinne Jesu praktizieren, dann ist das eine Revolution der Liebe, dann werden die Maßstäbe dieser Welt in Frage gestellt. Dann wird der Teufelskreis von Hass und Gegenhass, von Gewalt und Gegengewalt durchbrochen. Maria hat in ihrem Lied »Magnificat« diese Revolution der Liebe in wunderbaren Bildern besungen: »Gott stürzt die Mächtigen vom Thron und erhöht die Niedrigen. Die Hungernden beschenkt er mit seinen Gaben und lässt die Reichen leer ausgehen.« (Lk 1,52 f.) Die Befreiungstheologie in Lateinamerika hat dieses revolutionäre Lied Marias für sich neu entdeckt. Ihnen hat es Hoffnung geschenkt, dass die Liebe die Machtstrukturen in diesen Ländern überwindet. Und die Geschichte hat gezeigt, dass das Lied Marias, das die Menschen in Lateinamerika so gern singen, etwas verändert hat in diesen Ländern. Allein das Singen dieses

Liedes ist eine Revolution, der gegenüber die Gewalt der Mächtigen machtlos ist.

3. Wachstumsimpulse durch die Liebe

Die Gedanken über die Liebe, wie wir sie aus der Bibel im Dialog mit der griechischen Philosophie gewonnen haben, wollen nicht nur unsere Erkenntnis bereichern, sondern unser Leben verwandeln. Sie wollen konkret umgesetzt werden in unser Leben, in unser spirituelles und in unser menschliches Wachstum. Ich möchte nur einige Bereiche ansprechen, auf die wir von der Liebe als universaler Macht her einen neuen Blick werfen sollten. Und ich möchte aufzeigen, wie ein neues Verständnis der Liebe als der Grundenergie unserer Welt auch zu einem neuen Verhalten und zu einem neuen Miteinander in dieser Welt führen könnte.

Quantenphysik

Da ist einmal die Quantenphysik. Die heutige Quantenphysik öffnet unseren Blick dafür, dass auf dem Grund der Materie eine Art Liebe herrscht. Denn die Teilchen wissen auf eigenartige Weise voneinander. Da ist eine nicht kausale und nicht lokalisierbare Verbindung zwischen den Teilchen. Offensichtlich gibt es da ein universelles Feld, in dem alles miteinander verbunden ist. Und die Kraft, die alles verbindet, ist letztlich die Liebe. Das bedeutet aber auch, dass die Liebe, die wir als Menschen leben, eine Auswirkung auf den Kosmos hat. Wir sind eins mit dem Kosmos. Und wir haben eine Verantwortung für den Kosmos. Wenn wir uns von Hass und Bitterkeit beherrschen lassen, dann schaden wir damit der Welt um uns herum, nicht nur der menschlichen, sondern auch der materiellen Welt. Umgekehrt wirkt sich die Liebe, von der wir uns durchdringen lassen, heilsam auf den Kosmos aus. Das zeigt unsere Verantwortung für die Welt. Es ist nicht unser Privatvergnügen, ob wir lieben oder nicht. Unsere Liebe wirkt sich bis in die Materie hinein positiv aus. Unser Hass wird auch die Welt um uns herum negativ beeinflussen.

Evolution

In der Evolutionstheorie, wie sie Darwin entwickelt hat, ging es immer um das Überleben des Stärkeren oder des Fittesten. Das hat im Dritten Reich zu gravierenden Folgen geführt. Nur wer sich durchsetzt, wer mit Macht die anderen überwindet, wird überleben. Die Nazi-Ideologie hat diese naturwissenschaftliche Theorie für ihre menschenverachtende Politik benutzt. Gerald Hüther und Maik Hosang haben in ihren Beiträgen aufgezeigt, dass diese Sicht, wie sie uns unter dem Einfluss der Nazi-Ideologie vermittelt wurde, dem Forscher Darwin nicht gerecht wird. Denn Darwin hat selbst schon erkannt, dass es nicht nur die Kraft des Stärkeren ist, sondern vor allem auch die Verbindung zu anderen, die das Überleben sichert. Heute verstärken viele Evolutionsforscher diese andere Sicht Darwins. Sie betonen, dass vor allem die Tiere und Pflanzen überlebt haben, die die Beziehung zu andern Pflanzen und Tieren gepflegt haben. Also ist auch von der Evolutionsforschung her nachvollziehbar, dass die Liebe die Kraft war, die die Evolution vorangebracht hat und auch heute voranbringt. Wenn wir von der Evolution des Bewusstseins sprechen, dann bedarf es vor allem der Liebe, um das eigene Bewusstsein zu entwickeln und dadurch auch zu einer menschlicheren Welt beizutragen.

Umweltschutz

Heute sind sich alle einig, dass wir die Umwelt schonen und die Erde vor zu starker Erwärmung schützen müssen. Sonst hat es gravierende Auswirkungen auf unser Leben. Viele Küstenregionen würden im Wasser versinken. Das Klima würde sich radikal ändern und unsere Lebensbedingungen verschlechtern. Doch die rein rationale Einsicht, dass wir die Umwelt schonen müssen, bewirkt offensichtlich noch kein verändertes Verhalten. Und auch das Moralisieren, das uns ein schlechtes Gewissen einimpfen möchte, führt nicht zu einem anderen Umgang mit der Schöpfung. Es braucht eine spirituelle Grundlage, damit wir die Schöpfung anders erleben und in der Folge anders mit ihr umgehen. Der spirituelle Umgang mit der Schöpfung erkennt in der Schöpfung Gottes Geist und Gottes Liebe. Alles, die Materie, die Pflanzenwelt und die Tiere sind Geschöpfe Gottes und von Gottes Liebe durchdrungen. Was Teilhard de Chardin über das göttliche Milieu geschrieben hat, das die ganze Natur prägt, kann uns helfen, achtsamer und sorgfältiger mit der Schöpfung umzugehen.

Allerdings wird auch die Spiritualität nicht jeden dazu führen, achtsam mit der Schöpfung umzugehen. Es braucht noch einen anderen Zugang: den Zugang über die Schönheit. Wir brauchen einen Sinn für die Schönheit der Natur. Wenn ich die Schönheit der Natur bewundere, dann werde ich achtsamer mit der Natur umgehen. Die Schönheit kann ich nicht besitzen. Sie braucht eine kontemplative Haltung. Ich lasse die Schönheit sein. Ich bestaune sie. Wenn ich die Schönheit der Natur bestaune und sie einfach sein lasse, dann gehe ich von allein achtsam mit ihr um.

Die Bibel zeigt uns in ihren beiden Schöpfungserzählungen die Schönheit der Schöpfung. Am Ende der ersten Schöpfungsgeschichte heißt es: »Gott sah alles an, was er gemacht hatte: Es war sehr gut« (Gen 1,31). Die Griechen übersetzen das »gut« mit »kalos« = »schön«. Weil die Welt schön ist, gehen wir auch gut mit ihr um. Denn es widerstrebt der menschlichen Seele, etwas Schönes zu zerstören. Das Schöne will betrachtet und behütet werden. Daher heißt es in der zweiten Schöpfungsgeschichte, in der Gott einen schönen Garten Eden anlegt: »Gott, der Herr, nahm also den Menschen und setzte ihn in den Garten von Eden, damit er ihn bebaue und hüte« (Gen 2,15). Der Garten war in der Antike ein Urbild von Schönheit. Die Aufgabe des Menschen ist es also, das Schöne zu behüten. Indem er den Garten bebaut, macht er ihn noch schöner. Die Kreativität, die Gott dem Menschen zugedacht hat, hat also die Aufgabe, die Welt noch schöner zu machen. Schönheit hat immer mit Liebe zu tun. Die Liebe zur Schönheit verwandelt unsere Welt in eine schöne Welt, in der wir uns daheim fühlen.

Der Dialog der Religionen miteinander

Eine andere konkrete Folgerung aus der Liebe als der universalen Kraft, die die ganze Welt durchdringt, ist der achtsame Umgang der Religionen untereinander. Alle Religionen sind überzeugt, dass der Urgrund der Welt Liebe ist. Der Buddhismus spricht vom Mitgefühl mit allem, was ist. Der Mensch geht richtig mit der Schöpfung um, wenn er mit allem mitfühlt, mit den Steinen, den Pflanzen, den Tieren. Die verschiedenen Glocken, die im Gottesdienst angeschlagen werden, wollen die Liebe in den verschiedenen Bereichen der Schöpfung wecken. Im Hinduismus ist Gott wesentlich Liebe. Und auch im Islam hat vor allem die mystische Richtung des Sufismus wunderbare Texte über Gott als Liebe geschrieben. Der persische Dichter Rumi schreibt von Gott als dem Liebesduft, der in unserem Atem unseren ganzen Leib durchdringt. Als

Christen können wir diese wunderbaren Sufi-Texte als Geschenk annehmen und meditieren. Sie bestätigen unsere christliche Sicht, dass Gott Liebe ist und dass Gottes Liebe die ganze Welt durchdringt. Jesus schärft seinen Jüngern immer wieder ein: »Liebt einander, so wie ich euch geliebt habe« (Joh 15,12).

Wenn wir uns dieser Liebe bewusst werden, die die Grundlage aller Religionen bildet, dann ist das eine gute Basis für den Dialog. Die Religionen deuten diese Liebe jeweils anders. Das ist auch legitim. Es geht nicht darum, alle Religionen miteinander zu vermischen. Es gibt verschiedene Deutungsmodelle und Denkweisen. Aber entscheidend ist, dass hinter allen Begriffen und Bildern die Liebe als eine Macht steht, die der Grund aller Religionen ist. Wenn wir uns gemeinsam auf die Liebe besinnen, dann stören wir uns nicht an den verschiedenen Auslegungen. Aber wir hören auch auf, uns zu bekämpfen. Der Kampf der Religionen kommt ja immer aus einer Angst heraus. Die Liebe in uns verbindet die Gegensätze. In jedem von uns ist Glaube und Unglaube. Nur wenn wir beides liebevoll umarmen, werden wir weit und tolerant anderen Religionen gegenüber sein. Wenn wir uns aber anstatt auf die Liebe auf die Begriffe fixieren und wenn wir den eigenen Unglauben in uns verdrängen, dann müssen wir ihn nach außen ausleben, indem wir Andersgläubige bekämpfen. Denn sie erinnern uns an den eigenen Unglauben. Doch den wollen wir lieber nicht anschauen, weil er uns verunsichert. Die Liebe lässt sich nicht verunsichern. Wie

Paulus sagt: »Sie erträgt alles, glaubt alles, hofft alles, hält allem stand« (1 Kor 13,7).

Ein neues Verständnis von Erlösung

Ein Diskussionspunkt, der die Religionen oft entzweit, ist die Auffassung von Erlösung. Christen sehen als den zentralen Punkt ihres Glaubens, dass Christus sie erlöst hat. Und das übliche Verständnis von Erlösung besteht darin, dass Christus uns von unseren Sünden erlöst hat. Er hat am Kreuz unsere Schuld getilgt. Das Christentum unterscheidet sich von den anderen Religionen als Erlösungsreligion. Die anderen Religionen zeigen Wege zu Gott auf. Aber nur im Christentum gibt es die Erlösung durch Jesus Christus. Doch man darf keinen absoluten Gegensatz zwischen der christlichen Erlösungsreligion und den anderen Religionen machen. Denn auch den anderen Religionen geht es um Erlösung. Christliche Theologen werfen anderen Religionen vor, dass es da nur um Selbsterlösung gehe. Aber letztlich ist es in den anderen Religionen immer auch Gott, der den Menschen aus seiner inneren Gefangenschaft und seinem Verstricktsein in Sünde und Schuld befreit.

Als Christen glauben wir, dass im Kreuz Jesu Christi die Erlösung in ihrer reinsten und klarsten Form sichtbar wird. Das Johannesevangelium sieht das Wesen der Erlösung darin, dass am Kreuz Jesus uns bis zur Vollendung geliebt hat.

Seine Liebe hat am Kreuz alles menschliche Sein, selbst noch die Bosheit der Mörder, wie sie am Kreuz offenbar wird, durchdrungen und verwandelt. Johannes spricht davon, dass Jesus am Kreuz verherrlicht wird. Das ist paradox: Gottes Herrlichkeit, Gottes Schönheit erscheint dort, wo jemand brutal ermordet wird. Doch Schönheit und Liebe ist für Johannes identisch. Und die eigentliche Schönheit und Liebe zeigen sich gerade dort, wo sich der Hass der Menschen austobt. Das ist die revolutionäre Kraft der Liebe, dass sie bis in die äußerste Brutalität hinein reicht und sie verwandelt.

Vom Kreuz aus – von der durch die Lanze des Soldaten geöffneten Seite Jesu – strömt die Liebe in die ganze Welt aus. Die Liebe Jesu, die am Kreuz in vollendeter Weise für alle Welt sichtbar wird, hat sich in der Welt ausgebreitet und hat seither das menschliche Bewusstsein verwandelt. Diese Liebe – so können wir uns von der Quantenphysik, von der Evolutionsforschung und auch von der Gehirnforschung her sagen – breitet sich in die Welt aus und verwandelt die Voraussetzungen unseres Denkens. Sie hat die Welt auf dem Grund allen Seins verwandelt. Die Liebe, die in Jesus sichtbar geworden ist, kann nicht mehr rückgängig gemacht werden. Sie hat die Welt verändert. Sie ist eine Kraft, die den Menschen in seiner Beziehung zu Gott wiederherstellt und seine Seele heilt. Man könnte sagen: Das Kreuz hat wie kaum ein Ereignis zuvor oder danach das menschliche Bewusstsein verändert und verwandelt. Wenn die Liebe in einem Menschen so klar durchbricht wie in Jesus, dann wird davon das allgemeine Bewusstsein der Menschheit berührt.

Von dieser Liebe geht eine Bewegung aus, die nicht zu stoppen ist. Der Geist, den Jesus am Kreuz allen Menschen übergab, ergießt sich durch alle Bereiche menschlichen Denkens und Fühlens und wird so zu einer Quelle des Heils und der Heilung, der Transformation und Bewusstseinserweiterung für alle Menschen. Und diese Liebe, die vom Kreuz in die ganze Welt strömt, gilt allen Menschen. Der Tod Jesu am Kreuz hat für alle Menschen eine Bedeutung. Er hat die Voraussetzungen aller Menschen geändert. Alle Menschen werden in eine Welt hineingeboren, in die die Liebe Jesu sich vom Kreuz aus ausgebreitet hat, in eine Welt, die von der Liebe Jesu durchdrungen ist.

Der Evangelist Lukas hat ein anderes Erlösungsverständnis. Er entwickelt es vor allem im Dialog mit der griechischen Philosophie. Er bezieht sich auf Platon, der in seiner »Politeia« vierhundert Jahre vor Christus die Frage nach dem wahrhaft gerechten Menschen gestellt hat. Das ist die Sehnsucht der Griechen, dass der Mensch wahrhaft gerecht ist. Doch – so meint Platon – wenn in unserer ungerechten Welt ein ganz und gar gerechter Mensch auftritt, wird er aus der Stadt vertrieben, geblendet und ans Kreuz geschlagen. Jesus ist dieser wahrhaft gerechte Mensch, nach dem die Griechen sich gesehnt haben. Der Hauptmann am Kreuz erkennt beim Tod Jesu: »Das war wirklich ein gerechter Mensch« (Lk 23,47). Die Gerechtigkeit Jesu zeigt sich darin, dass er sich auch am Kreuz nicht von seiner Liebe abbringen lässt. Er vergibt sogar seinen Mördern noch, indem er betet: »Vater, vergib ihnen, denn sie wissen nicht, was sie tun« (Lk 23,34). Er erweist seine Liebe an dem Verbrecher zu seiner Rechten, indem er ihm zuspricht: »Heute noch wirst du mit mir im Paradies sein« (Lk 23,43). Und seine Liebe zeigt sich in seinem letzten Wort. Im Sterben lässt sich Jesus liebend in die liebenden Hände seines Vaters fallen: »Vater, in deine Hände lege ich meinen Geist« (Lk 23,46). Der Tod kann Jesus nicht von der Liebe trennen. Im Gegenteil: der Tod ist die Vollendung der Liebe. Im Tod wird Jesus eins mit der Liebe seines Vaters. Auch hier geht es um die Liebe als der Kraft, die stärker ist als der Tod und die selbst den Tod noch verwandelt. Erlösung versteht Lukas darin, dass der Mensch wahrhaft gerecht wird. Gerechtigkeit heißt für Platon, dass der Mensch seinem Wesen als Mensch gerecht wird. Und das besteht für die Griechen in dem berühmten Wort der Antigone im Drama von Sophokles: »Nicht mitzuhassen, mitzulieben bin ich da.« Dann sind wir wahrhaft erlöst, wenn wir bis zum Tod unsere Gerechtigkeit durchhalten, unserem Wesen als liebende Menschen gerecht werden und uns weder durch den Hass der anderen noch durch innere Nöte, ja selbst nicht durch den Tod aus dieser Liebe herausreißen lassen.

Spiritualität

Die christliche Spiritualität ist vor allem eine Spiritualität der Liebe. Das Ziel der Spiritualität ist, dass wir vom Geist Jesu immer mehr durchdrungen werden. Teilhard de Chardin spricht davon, dass wir »diaphan« werden, durchscheinend auf die Liebe Christi hin. Diese Liebe soll sich dann ausdrücken in der Liebe zum Nächsten, ja auch in der Liebe zum Feind. Die Liebe soll alle Feindschaft überwinden. Jesus vergleicht die Liebe zum Feind mit der Sonne, die auch Guten und Bösen scheint. So sollen wir die Sonne unseres Bewusstseins auf das Gute und Böse in uns scheinen lassen. Die Sonne kann auch das Vereiste in uns zum Schmelzen bringen und das Erstarrte aufbrechen.

Die Liebe, die Jesus verkündet, ist grenzenlos. Sie gilt allen Menschen, ganz gleich welchem Glaubensbekenntnis sie angehören. Jesus identifiziert sich mit jedem Menschen, wenn er sagt: »Ich war hungrig, und ihr habt mir zu essen gegeben; ich war durstig, und ihr habt mir zu trinken gegeben; ich war fremd und obdachlos, und ihr habt mich aufgenommen; ich war nackt, und ihr habt mir Kleidung gegeben; ich war krank, und ihr habt mich besucht; ich war im Gefängnis, und ihr seid zu mir gekommen« (Mt 25,35 f.). Die Liebe wird um ihrer selbst willen getan, ohne Nebenabsichten. Das hat seit jeher die Menschen fasziniert, allen voran Immanuel Kant, aber auch viele Atheisten. Dieser Text ist auch im Dialog mit anderen Religionen wichtig. Die Liebe, die Jesus von den Christen fordert, gilt allen Menschen, ganz gleich welche Religion sie haben. Und es ist eine Forderung, die auch von anderen Religionen verstanden wird. Wer immer dem Menschen Liebe erweist, der erfüllt das Gebot Jesu, ob er darum weiß oder nicht. Und er begegnet im Menschen Jesus Christus, auch wenn er noch nie etwas von ihm gehört hat.

Die Feindesliebe und die Liebe zu jedem Menschen werden uns jedoch nur gelingen, wenn wir alles Fremde und Feindliche in uns lieben. Daher besteht Spiritualität auch darin, dass wir alles, auch unsere Schattenseiten, unsere Rachegefühle, unseren Neid, unsere Eifersucht, Gott hinhalten und sie von Gottes Liebe durchdringen lassen. Wenn alles von Liebe durchdrungen und verwandelt wird, dann sind wir fähig, jeden Menschen zu lieben. Denn in jedem Menschen begegnen wir uns selbst. Daher übersetzt Martin Buber auch die Forderung Jesu: »Du sollst den Nächsten lieben wie dich selbst« mit: »Du sollst den Nächsten lieben. Denn das bist du selbst.« Wir können auch übersetzen: »Du sollst deinen Nächsten lieben als dich selbst.« Denn im Nächsten begegnest du dir selbst. Es gibt etwas, was den Nächsten und dich miteinander verbindet. Das ist die Liebe, die in uns allen west.

Umgang mit Gewalt

Im Zeitalter des Terrorismus, der sich über alle menschlichen Maßstäbe hinwegsetzt und alle Menschlichkeit vermissen lässt, scheint die Botschaft von der Liebe eine romantische Flucht vor der grausamen Realität unserer Welt zu sein. Doch gerade in dieser Situation wäre die Besinnung auf die Liebe notwendig. Wir spüren in uns oft Rache aufsteigen, wenn wir von grausamen Attentaten hören. Doch zugleich wissen wir, dass Gewalt nicht durch Gewalt überwunden werden kann. Gewalt erzeugt immer neue Gewalt. Sie kann nur überwunden werden durch eine Liebe. Das sehen wir im Kreuz Jesu. Er hat die Gewalt der römischen Militärmacht nicht mit Hass oder Rachegefühlen erwidert, sondern sie durch die Liebe überwunden. Jesus hatte unter seinen Jüngern auch Zeloten. Die Zeloten wollten die Römer mit Gewalt aus dem Land vertreiben. Sie haben auch ständig Attentate auf die römische Besatzung ausgeführt. Aber es hat ihnen nicht geholfen. Zuletzt wurde Jerusalem in Schutt und Asche gelegt. Jesus geht einen anderen Weg. Er sieht die ungerechten Verhältnisse, die damals in Palästina herrschten. Aber er empfiehlt, aus den Feinden Freunde zu machen. So ist seine Weisung zu verstehen: »Wenn dich einer zwingen will, eine Meile mit ihm zu gehen, dann geh zwei mit ihm« (Mt 5,41). Die römischen Soldaten hatten als Besatzungsmacht das Recht, jeden Juden zu zwingen, mit ihm eine Meile zu gehen, um ihm den Koffer zu tragen oder den Weg zu weisen. Oft haben das die Juden mit zusammengebissenen Zähnen gemacht. Jesus sagt: Geh freiwillig zwei Meilen mit dem römischen Soldaten. Dann kannst du dich mit ihm unterhalten. Und du kannst auf dem Weg sein Freund werden. Dadurch wird die Feindschaft überwunden. Die Liebe, wie Jesus sie versteht, hat eine kreative Kraft. Sie überwindet eingefahrene Verhaltensweisen. Sie schafft über die Grenzen von Rassen und Völkern, über die Grenzen von Besatzern und Besetzten eine Verbindung, die beiden guttut. Jesus spricht nicht moralisierend von der Liebe, sondern kreativ als einer Möglichkeit, neue Wege des Miteinanders auszuprobieren.

Politik

Politik wird von vielen als schmutziges Geschäft angesehen. Doch wenn ich Politik so negativ sehe, dann kann ich ihr auch nichts zutrauen. Die geschichtliche Erfahrung lehrt uns, dass Politik immer dann neue Wege geht und alte Grenzen zu überspringen vermag, wenn Liebe mit im Spiel ist. Das gilt für die Überwindung der Apartheid in Südafrika. Mandela, der jahrelang im Gefängnis saß, war ein spiritueller Mann, der sich auch im Gefängnis nicht verbittern ließ, sondern an seiner Liebe festhielt. Diese Liebe hat letztlich die Grenze zwischen Schwarz und Weiß aufgehoben. Ähnlich war es mit Martin Luther King. Für King ist die unbewaffnete Liebe die einzige Kraft, die den Hass besiegen kann. Er hat seinen Gegnern zugerufen: »Tut mit uns, was ihr wollt. Werft uns ins Gefängnis, wir werden euch trotzdem lieben! Werft Bomben in unsere Häuser, bedroht unsere Kinder, wir werden euch trotzdem lieben!« Mit dieser Liebe hat Martin Luther King viel erreicht, auch wenn er diese Liebe selbst mit dem Leben bezahlt hat, als ein junger Weißer ihn erschoss. Aber dass ein Schwarzer Präsident von Amerika werden konnte, war nachträglich das Ergebnis dieser Liebe, von der sich Martin Luther King auch nicht durch Anfeindungen und Widerstand abbringen ließ.

Die Berliner Mauer wurde nicht von Panzern zu Fall gebracht, sondern von Kerzen, deren Flammen die Liebe erfahrbar werden ließen. Auch die Versöhnung zwischen Deutschland und Frankreich gelang nur, weil da Politiker waren, die aus dem Glauben heraus der Liebe mehr Chancen gaben als der militärischen Macht. Bis die Liebe alle Vorurteile überwindet, das dauert immer lange. Aber wir können heute erkennen, dass die Liebe doch viele Barrieren zwischen Deutschen und Franzosen niedergerissen hat. So dürfte die Besinnung auf die Liebe heute lebensnotwendig sein, damit alte Fronten aufgebrochen und Versöhnung zwischen den Völkern und Gruppen möglich wird.

Erziehung

Alle Erziehungsmethoden und alle Kenntnisse der Entwicklungspsychologie nützen nichts, wenn wir die Kinder nicht mit Liebe erziehen. Die Liebe ist der Raum, den Kinder absolut nötig haben, um sich zu entwickeln. Es gab im Mittelalter ja ein fatales Experiment, das man nie wiederholen sollte. Kaiser Friedrich I., genannt Barbarossa (1125–1190), wollte erkunden, was die Ursprache des Menschen ist. Also versorgte man zwei Kinder mit allem, was notwendig war. Nur durfte niemand mit den Kindern sprechen. Denn man wollte wissen, welche Worte die Kinder aus sich heraus sprechen würden. Doch die Kinder sprachen nie. Sie starben. Das Angesprochenwerden ist ein wesentlicher Aspekt der Liebe. Die Liebe geht über den Blick, aber genauso auch über das Wort, über die Stimme. Wenn ein Kind nicht in Liebe angesprochen wird, kann es nicht leben. Es entwickelt sich allein im Raum der Liebe. Auch das Gehirn kann sich nur in Verbundenheit mit den Eltern entfalten, also dort, wo es von Liebe umgeben ist.

Es gibt die berühmte chassidische Geschichte, in der ein Vater seinen Sohn, an dem er schier verzweifelte, weil er immer nur aggressiv und unbelehrbar war, zu einem Rabbi brachte. Der sollte ihn erziehen. Der Vater meinte, er solle es mit Härte und Strenge tun. Denn sein Sohn sei völlig verdorben. Doch der Rabbi ließ sich nicht auf die Ratschläge des Vaters ein. Er umarmte den Sohn ganz lange Zeit. Er umarmte ihn so lange, bis er spürte, dass der Sohn seinen Gefühlspanzer, den er sich angelegt hatte, langsam durchlässig werden ließ für die Liebe. Als der Rabbi fühlte, dass der Sohn seine Liebe zuließ, löste er die Umarmung. und gab dem Vater den Sohn zurück als einen ruhigen, in sich zufriedenen Jungen. Die Liebe hat den Sohn verwandelt, hat ihn zu dem geführt, der er von seinem Wesen her ist. Und das ist ja das Wesen der Erziehung, dass wir das Kind herausziehen aus dem Unbewussten in die einmalige Gestalt, die jedes Kind ist. Theologisch gesprochen: Erziehung heißt, dass wir das einmalige Bild, das Gott sich von diesem Kind gemacht hat, immer mehr zum Strahlen bringen.

Mystik

Die Zukunft einer Spiritualität, die alle in Liebe verbindet, ist die Mystik. Mystik gibt es in allen Religionen. Und die Mystiker aller Religionen machen ähnliche Erfahrungen, auch wenn sie diese Erfahrungen dann jeweils in der Sprache ihrer Religion deuten. Aber die Erfahrung, die alle Mystiker machen, ist letztlich diese: auf dem Grund allen Seins ist die Liebe. Evagrius Ponticus, ein christlicher Mystiker und Mönch aus dem vierten Jahrhundert, unterscheidet eine Mystik der Natur (»theoria physike«). (Evagrius 1997:16 f.) Darin geht es darum, die Natur so anzuschauen, dass wir in ihr überall Gott erkennen, dass wir in ihr überall die Liebe als ihren tiefsten Grund erkennen und spüren. Die andere Weise der Mystik nennt Evagrius die Kontemplation der heiligen Dreifaltigkeit. Dreifaltigkeit ist für Evagrius das Geheimnis der Liebe, die in Gott selbst ist. Diese Erfahrung kann der Mensch nur machen, wenn er ganz leer von sich selbst geworden ist. Dann vermag er in der Kontemplation eins zu werden mit der Liebe, die Gott selbst ist.

Dieses Einswerden geschieht auf dem Grund der Seele. Im Grund der Seele – so sagt Evagrius – ist der »Ort Gottes«, von dem die Bibel schreibt. Da ist ein Raum der Stille, in dem Gott selbst wohnt. In diesem inneren Raum sind wir ganz eins mit uns selbst. Da sind wir frei von den Ansprüchen und Erwartungen der Menschen. Dort sind wir heil und ganz. Die Wunden reichen nicht bis in diesen Raum vor. Und wir sind ursprünglich und authentisch. Wir sind reines Sein, ohne dass wir uns rechtfertigen oder beweisen müssen. Für Platon ist Gott das reine Sein. Indem wir einfach sind, haben wir teil an Gott. Da sind wir im Einklang mit unserem innersten Wesen und wir sind auch eins mit allen Menschen. Das reine Sein verbindet uns mit allem Seienden auf der Erde, mit den Menschen, Tieren und Pflanzen und mit dem ganzen Kosmos.

Die christliche Meditation benutzt das Jesusgebet als Schlüssel, der uns die Tür aufschließt zum wortlosen Geheimnis Gottes. Es ist ein Raum des Schweigens und ein Raum der Liebe. Aber diese Liebe im Grund unserer Seele ist mehr als ein Gefühl. Sie ist eine Qualität des Seins. Sie ist der innerste Seinsgrund aller Welt. In der Meditation erfahren wir diesen Grund der Liebe. Er ist zugleich wie eine Quelle der Liebe, aus der wir schöpfen können, aus der sich auch unsere Gefühle von Liebe speisen können.

Schlussbemerkung

Das Christentum hat als Religion der Nächstenliebe die Gesellschaft der Antike revolutioniert. Aber auch das Christentum musste erleben, wie die Liebe, die es predigt, von den Strukturen immer mehr eingeengt und instrumentalisiert worden ist. Seit Jahrhunderten sind viele Bücher über die Liebe erschienen. Aber trotzdem gelingt es uns nicht, der Liebe mehr Raum in uns und in den Menschen zu geben. Es hat sicher viele Gründe, warum die Revolution der Liebe nicht so gelungen ist, wie Jesus sich das gedacht hat. Wenn Kinder als Objekte behandelt werden, dann behandeln sie auch andere Menschen wieder als Objekte. Liebe heißt aber, den andern als Subjekt zu sehen, ihn bedingungslos zu lieben. So hat es uns die Taufe vermittelt, dass wir ohne Bedingung von Gott geliebt sind. Wenn wir das verinnerlichen, dann werden wir auch fähig, einander bedingungslos anzunehmen. Das ist die Bedingung dafür, dass die Revolution der Liebe gelingt.

Durch Moralisieren gelingt es uns nicht, der Liebe mehr Raum zu geben. Für mich ist es hilfreicher, daran zu erinnern, dass die Liebe in uns ist, dass sie in jedem Menschen als der Grund seiner Seele ist. Aber wir fallen so oft aus der Liebe heraus. Es ist die Urversuchung des Menschen, aus der Liebe herauszufallen und den Menschen und die Welt um sich herum zum Objekt meiner eigenen Bedürftigkeit zu machen. Doch wenn ich andere zum Objekt mache, dann stirbt die Liebe.

Wir sollten also der Liebe trauen, die schon in uns ist, die der Grund aller Schöpfung ist. Wir müssen nicht voller Anstrengung die Liebe schaffen. Wir sollten vielmehr die Augen öffnen und der Liebe trauen, die in uns ist, die uns in den Augen der Kinder begegnet, die den ganzen Kosmos durchströmt. Wenn wir wie Jesus, Buddha und andere große Vorbilder dieser Liebe trauen und in dieser Liebe den Grund und Sinn des Seins oder Gott selbst erkennen, dann wird die Revolution der Liebe gelingen. Nicht sofort und nicht auf der ganzen Welt, aber die Liebe ist dabei, ihr Potenzial in und zwischen uns zu entfalten. Wenn wir erkennen, dass alle Religionen, Philosophien und Kulturen von diesem Grund der Liebe ausgehen, und wenn wir diese

Verschiedenheit der Wege nicht mehr als Feindschaft, sondern als uns von unseren jeweiligen Schatten befreiendes Einander-Stärken verstehen, dann werden immer mehr Menschen, Familien, Schulen, Orte, Unternehmen und Institutionen von der Liebe durchdrungen. Dann entsteht eine Welt der Liebe, die immer mehr Menschen in ihren Bann zieht.

So wünschen wir drei Autoren, dass durch unsere Gedanken der Liebe auch Wege sichtbar werden, wie sich das unendliche Potenzial dieser Liebe in und um uns entfalten kann, wie wir nicht mehr so leicht aus der Liebe fallen, sondern in der Liebe bleiben und diese Welt ko-kreativ mit Liebe bewahren und verschönern.

Literatur

Literatur zu Teil 1

Gerald Hüther: Die Bedeutung der Liebe für die Menschwerdung des Affen

Friedrich Engels, Der Anteil der Arbeit an der Menschwerdung des Affen, Berlin 1951 (Nachdruck der Originalausgabe von 1876).

Konrad Lorenz, Das sogenannte Böse – Zur Naturgeschichte der Aggression, Wien 1968.

Arthur Koestler: Der Mensch – Irrläufer der Evolution. Bern/München 1978.

Literatur zu Teil 2

Maik Hosang: Wie kann eine Revolution der Liebe gelingen?

Sarah Blaffer Hrdy, Mütter und andere: Wie die Evolution uns zu sozialen Wesen gemacht hat, Berlin 2010.

Sarah Blaffer Hrdy, Mutter Natur: Die weibliche Seite der Evolution, Berlin 2010.

Taylor Caldwell, Aspasia, München 1988.

Emile Durkheim, Über soziale Arbeitsteilung. Studie über die Organisation höherer Gesellschaften, Frankfurt am Main 1999.

Shereen El Feki, Sex und die Zitadelle: Liebesleben in der sich wandelnden arabischen Welt, München 2013.

Michel Foucault, Mikrophysik der Macht, Berlin 1976.

Viktor E. Frankl, Das Leiden am sinnlosen Leben, Freiburg 2013.

Barbara Frederickson, Die Macht der Liebe. Ein neuer Blick auf das größte Gefühl, Frankfurt am Main 2014.

Erich Fromm, Die Kunst des Liebens, Frankfurt am Main 1956.

Erich Fromm, Haben oder Sein. Die seelischen Grundlagen einer neuen Gesellschaft, München 1979.

Jürgen Gerhards, Soziologie der Emotionen, München 1988.

Aurobindo Ghose, Die Synthese des Yoga, Gladenbach 1991.

Heide Göttner-Abendroth, Das Matriarchat. Geschichte seiner Erforschung, Stuttgart 2010.

Marija Gimbutas, Die Sprache der Göttin. Das verschüttete Symbolsystem der westlichen Zivilisation, Frankfurt am Main 1995.

Tomás Halík, Ich will, dass du bist, Freiburg 2015.

Hermann Hesse, Narziss und Goldmund, Frankfurt am Main 1993.

Gerald Hüther / Maik Hosang, Die Freiheit ist ein Kind der Liebe – Die Liebe ist ein Kind der Freiheit, Freiburg 2014.

Maik Hosang et al., Die emotionale Matrix, München 2005.

Aldous Huxley, Eiland, München 2006.

Rudolf Hermann Lotze, System der Philosophie. Ontologie, Kosmologie und Psychologie, Leipzig 1879.

Abraham Maslow, Bedürfnispyramide 1981.

Humberto Maturana, The Origin of Humanness in the Biology of Love, Charlottesville 2009.

Humberto Maturana, Matristische und patriarchale Konversationen, In: Umberto Maturana und Gerda Zöller, Liebe und Spiel. Die vergessenen Grundlagen des Menschseins, Heidelberg 1994.

Donella und Dennis Meadows / Jørgen Randers, Limits to Growth: The 30-Year Update, Chelsea 2004.

Jean-Jacques Rousseau: Essay über den Ursprung der Sprachen, worin auch über Melodie und musikalische Nachahmung gesprochen wird. In: Musik und Sprache. O.O. 2002.

Max Scheler, Liebe und Erkenntnis, zuerst 1916, neu in: Von der Ganzheit des Menschen, Bonn 1991.

Max Scheler, Vom Wesen der Philosophie, zuerst 1917, neu in: Von der Ganzheit des Menschen, Bonn 1991.

Pitirim Sorokin, The Ways and the Power of Love, Boston 1994.

Lynne McTaggart, Das Nullpunkt-Feld. Auf der Suche nach der kosmischen Ur-Energie, München 2007.

Pierre Teilhard de Chardin, Der Mensch im Kosmos, München 1959.

Pierre Teilhard de Chardin, Love and Happiness, Great Library Collection 2015.

Frans de Waal, Chimpanzee Politics: Power and Sex Among Apes, Baltimore 1998.

Max Weber, Der Geist des Kapitalismus und die protestantische Ethik, Weinheim 1996.

Literatur zu Teil 3

Anselm Grün: Liebe ist der Grund des Seins

Hans Conzelmann, Der erste Brief an die Korinther, Göttingen 1969.

Meister Eckehart, Deutsche Predigten und Traktate, München 1976.

Evagrius Ponticus, Praktikos. Über das Gebet, Münsterschwarzach 1997.

Peter Gerlitz, Liebe I Religionsgeschichtlich, TRE 122–128.

Johannes Hirschberger, Der platonische Eros, in: Was heißt Liebe? Zur Tradition eines Begriffes, hrsg. von der Rabanus Maurus-Akademie, Frankfurt am Main 1982, 30–46.

Johannes B. Lotz, Die Liebe als Herausforderung des Menschen, in: Was heißt Liebe? Zur Tradition eines Begriffes hrsg. von der Rabanus Maurus-Akademie, Frankfurt am Main 1982, 9–29.

Ulrich Lutz, Das Evangelium nach Matthäus, I/3, Zürich 1997.

Karl Rahner, Liebe, in SM III, 234–252.

John Sanford, Das Johannesevangelium. Eine tiefenpsychologische Auslegung, München 1998.

Georg Scherer, Liebe X Philosophisch, TRE 188–191.

Pierre Teilhard de Chardin, Lobgesang des Alls, Freiburg 1964.

Pierre Teilhard de Chardin, Das göttliche Milieu, Olten 1969.

Pierre Teilhard de Chardin, Briefe an Frauen, hrsg. von Günther Schiwy, Freiburg 1988.

Die Autoren

Gerald Hüther

Gerald Hüther, Vorstand der Akademie für Potentialentfaltung, zählt zu den bekanntesten Hirnforschern Deutschlands. Praktisch befasst er sich im Rahmen verschiedener Initiativen und Projekte mit neurobiologischer Präventionsforschung. Er schreibt Sachbücher, hält Vorträge, organisiert Kongresse, arbeitet als Berater für Politiker und Unternehmer und ist häufiger Gesprächsgast in Rundfunk und Fernsehen. So ist er Wissensvermittler und -umsetzer in einer Person.

Studiert und geforscht hat er in Leipzig und Jena, dann seit 1979 am Max-Planck-Institut für experimentelle Medizin in Göttingen. Er war Heisenberg-Stipendiat der Deutschen Forschungsgemeinschaft und von 2004 bis 2016 als Professor für Neurobiologie an der Universität Göttingen beschäftigt. 1994–2006 leitete er eine von ihm aufgebaute Forschungsabteilung an der psychiatrischen Klinik in Göttingen. 2006–2016 befasste er sich mit der Verbreitung von Erkenntnissen auf dem Gebiet der Neurobiologischen Präventionsforschung. 2015 Gründung der Akademie für Potentialentfaltung und Übernahme ihrer Leitung als Vorstand.

In seiner Öffentlichkeitsarbeit geht es ihm um die Verbreitung und Umsetzung von Erkenntnissen aus der modernen Hirnforschung. Er versteht sich als »Brückenbauer« zwischen wissenschaftlichen Erkenntnissen und gesellschaftlicher bzw. individueller Lebenspraxis. Ziel seiner Aktivitäten ist die Schaffung günstigerer Voraussetzungen für die Entfaltung menschlicher Potenziale.

Maik Hosang

Maik Hosang wurde 1961 in der Oberlausitz geboren. Er studierte Philosophie, Psychologie, Sozialtheorie und Anthropologie an der Humboldt-Universität Berlin. Forschungsstudien führten ihn nach Moskau, Auroville (Indien) und San Francisco. Er promovierte 1990 mit einer Arbeit zur »Ontologie frei-menschlicher Individuen« und habilitierte sich 2009 mit dem Buch »Der integrale Mensch. Transdisziplinäre Begriffe für nachhaltige Perspektiven«.

Zusammen mit Rudolf Bahro baute er nach dem Berliner Mauerfall ein Institut für Sozialökologie an der HU Berlin auf und lehrte und forschte dort zu Zusammenhängen von ökologischen, sozialen, psychologischen und philosophischen Fragen. Um diese Zukunftsforschung nicht nur theoretisch, sondern auch praktisch zu realisieren, entwickelte das Institut mit Unterstützung Kurt Biedenkopfs in Sachsen das Reallabor LebensGut Pommritz, dass Hosang bis heute auch wissenschaftlich begleitet.

Als der geistige Freiraum, der durch den Berliner Mauerfall entstanden war, politisch wieder verengt wurde, verengte sich auch die etablierte Wissenschaft wieder in traditionelle Spaltungen zwischen Natur- und Geisteswissenschaften. Dabei wurde auch das im besten Sinne transdisziplinäre Institut für Sozialökologie der Humboldt-Universität Berlin wieder zerstört. Darum gründete Hosang zusammen mit anderen Querdenkern ein freies Institut für

Sozial- und Kulturökologie im Gut Pommritz (www.imlove.de/forschung/). Aus der Zusammenarbeit mit dem Künstler Ulrich Schollmeyer entstand dort eine Philosophische Erlebniswelt (www.philosofie.org).

Hosang lehrte und lehrt an verschiedenen Universitäten und Hochschulen, derzeit Kulturphilosophie, Sozialtheorie und Transformationsforschung an der Hochschule Zittau/Görlitz.

Er ist Mitinitiator und Kurator des Berliner Philosophiefestivals der Liebe (www.becomelove.de) sowie Autor und Ko-Autor verschiedener Bücher im Bereich Kulturphilosophie, Anthropologie, Transformationsforschung und Wissenschaft der Liebe.

Pater Anselm Grün

Pater Anselm Grün wurde 1945 in Junkershausen in der Rhön geboren. Nach seinem Abitur in Würzburg trat er 1964 in die Abtei Münsterschwarzach ein. Während dieser Zeit begann er mit seinem Studium der Philosophie und Betriebswirtschaft. In Rom studierte er Theologie, wo er 1974 auch seine Promotion über »Erlösung durch das Kreuz. Karl Rahners Beitrag zu einem heutigen Erlösungsverständnis« verfasste.

Als Cellerar der Abtei Münsterschwarzach war Pater Anselm Grün bis 2013 für die finanzielle Grundlage der 20 Abtei-Betriebe verantwortlich.

Der Benediktinerpater ist Autor von etwa 300 Büchern und zählt zu den meistgelesenen Autoren der Gegenwart. Seine Bücher wurden in 35 Sprachen übersetzt und erreichen eine weltweite Gesamtauflage von etwa 20 Millionen. Außerdem hält er zahlreiche Kurse im In- und Ausland zu spirituellen Themen und gibt Führungsseminare.

Sein Ansinnen ist es, den Reichtum christlicher Tradition, vor allem auch der Tradition der Wüstenväter, im Dialog mit der Psychologie den Menschen von heute nahezubringen in einer einfachen, nicht moralisierenden Sprache.